Marlon Ikels, Philip Tien, Stefan Trampler

Hochzeitsspiele – Hochzeitsbräuche

Ideen, Ratgeber und mehr für die gelungene Hochzeitsfeier

2. Auflage 2014

Made in Germany

ISBN 978-3-00-046859-9

9 783000 468599

Inhalt

Liebe Leserin, lieber Leser,

eine Hochzeit ist der wichtigste Tag im Leben eines Brautpaars. Oft gehen diesem Tag langwierige Planungen, Überlegungen und Gedanken voraus. So vieles gilt es an dem Tag zu beachten und 1000 Kleinigkeiten müssen bedacht werden, um das Fest zu etwas ganz Besonderem zu machen und die Hochzeit einmalig werden zu lassen.

Wenn dann alle Vorbereitungen für ein Fest im Vorfeld der Hochzeit vom Brautpaar getroffen wurden, sind oft die Freunde und Verwandte des Paares gefordert, die mit ihren lustigen Spielen, kreativen Ideen und romantischen Bräuchen das Fest unvergesslich machen und damit zum Gelingen der Feierlichkeit beitragen.

Dieses Buch versteht sich nicht nur als Sammlung klassischer Hochzeitsspielen und Geheimtipps, von kreativen Anregungen, die eine bleibende Erinnerung beim Brautpaar schaffen und von traditionellem Brauchtum.

Dieses Buch ist auch ein Ratgeber aus Expertenwissen tausender Hochzeiten. Ausgewertet und übersichtlich dargestellt in über 100 verschiedensten und beliebten Hochzeitsspielen spart Ihnen dieses Buch auch Zeit und Nerven. Links in das Internet und praktische QR-Codes helfen Ihnen direkt weiter und bringen Sie ohne langes Suchen direkt zu Videos, Komplettsets, Organisationshilfen, Kauftipps, Materialien und vielem mehr.

Und nun noch unser ganz persönlicher Experten-Ratschlag an alle Organisatoren möchten wir Ihnen mitgeben:

Im Zweifel sollten Sie lieber das Brautpaar fragen. Besser weniger Überraschungen als große Enttäuschungen!

Bei vielen Hochzeitsspielen können wir Ihnen einen 5,- € Gutschein anbieten! hren 5,- € Gutschein können Sie beim Kauf von Sets und Zubehör einsetzen. Mehr Informationen finden Sie auf Seite 10 im Buch.

Wir wünschen Ihnen ein gutes Gelingen und eine einzigartige Hochzeit.

Ihr Autorenteam

Marlon Ikels, Philip Tien und Stefan Trampler

Impressum

© 2014 galleryy GmbH
Autoren: Marlon Ikels, Philip Tien, Stefan Trampler
Selbstverlag: galleryy GmbH, St.-Martin-Str. 53, 81669 München, www.galleryy.net
Druck und Bindung: Best Preis Printing ug. & Co KG
Umschlaggestaltung, Illustration: galleryy GmbH

Fotos und Titelfoto: galleryy GmbH, Fotolia (© Africa Studio – Fotolia.com, © AK-DigiArt – Fotolia.com, © Amir Kaljikovic – Fotolia.com, © Anatoly Vartanov – Fotolia.com, © Angel – Fotolia.com, © Angela – Fotolia.com, © anyaivanova – Fotolia.com, © armina – Fotolia.com, © ArVis – Fotolia.com, © Avanne Troar – Fotolia.com, © B. Wylezich – Fotolia.com, © Blueberry – Fotolia.com, © Büyük Fazil – Fotolia.com, © caryblade – Fotolia.com, © ChristArt – Fotolia.com, © Christian Jung – Fotolia.com, © Christophe Denis – Fotolia.com, © cristovao31 – Fotolia.com, © Daniel Bujack – Fotolia.com, © detailblick, © Dmitry Fisher – Fotolia.com, © Fotoimpressionen – Fotolia.com, © Gennadiy Poznyakov – Fotolia.com, © Gina Sanders – Fotolia.com, © goodvit – Fotolia.com, © Gordan Jankulov – Fotolia.com, © Halfpoint – Fotolia.com, © honored – Fotolia.com, © ilro – Fotolia.com, © JM Fotografie – Fotolia.com, © Jürgen Fälchle – Fotolia.com, © K.-U. Häßler – Fotolia.com, © Kaiya_Rose – Fotolia.com, © Kaponia Aliaksei – Fotolia.com, © konradbak – Fotolia.com, © Köpenicker – Fotolia.com, © Kostia – Fotolia.com, © ksubogdanova – Fotolia.com, © Kzenon – Fotolia.com, © matthias21 – Fotolia.com, © mh-werbedesign – Fotolia.com, © Mihály Samu – Fotolia.com, © Miredi – Fotolia.com, © motorradcbr – Fotolia.com, © nataliaderiabina – Fotolia.com, © Nelos – Fotolia.com, © Paul Retherford – Fotolia.com, © pcanzo – Fotolia.com, © peshkova – Fotolia.com, © Petra Fiedler – Fotolia.com, © PhotoSG – Fotolia.com, © pico- Fotolia.com, © Picture-Factory – Fotolia.com, © pressmaster – Fotolia.com, © ra2 studio – Fotolia.com, © S.Kobold – Fotolia.com, © Samoth – Fotolia.com, © shotsstudio – Fotolia.com, © Superingo – Fotolia.com, © Sven Hoffmann – Fotolia.com, © svort – Fotolia.com, © Syda Productions – Fotolia.com, © THesIMPLIFY – Fotolia.com, © toa555 – Fotolia.com, © Tom – Fotolia.com, © Viorel Sima – Fotolia.com, © viperagp – Fotolia.com, © vsurkov – Fotolia.com, © yuliaglam – Fotolia.com) Alle Rechte verbleiben bei den Autoren.

Wichtiger Hinweis: Alle Spiele, Beiträge, Ratschläge und Ideen in diesem Buch sind sorgfältig recherchiert, selbst getestet, geprüft und/oder basierend auf vielen Kundenmeinungen. Abweichungen, z. B. durch geänderte URLs sind nicht auszuschließen. Weder Autoren noch der Verlag können für evtl. Nachteile oder Schäden, die aus Hinweisen aus diesem Buch resultieren, eine Haftung für Personen-, Sach- und Vermögensschäden übernehmen.

Made in Germany
2. Auflage 2014

ISBN: 978-3-00-046859-9

Made in Germany
ISBN 978-3-00-046859-9

9 783000 468599

Die Autoren

Die Autoren Marlon Ikels, Philip Tien und Stefan Trampler sammeln seit vielen Jahren beruflich Erfahrungen mit Hochzeitsspielen, Hochzeitsgeschenken und Ideen rund um das Thema Hochzeit. Durch ihre tägliche Beschäftigung mit Hochzeiten und Hochzeitsspielen sammeln die Autoren viel Expertenwissen.

Bei der Entwicklung ständig neuer Hochzeitsspiele werden nicht nur Recherchearbeiten ausgewertet, sondern auch der ständige Austausch mit Brautpaaren und Hochzeitsgästen gefördert. 2013 entstand unter anderem eine große Umfrage zum Thema „Hochzeitsspiele". Bei über 20.000 Antworten war das überraschende Ergebnis: „Trauzeugen vermiesen Hochzeitspaaren die Hochzeitsfeier". Auch tägliche Einsendungen von Gästen sind nach ausgiebiger Analyse verarbeitet worden.

Viele Gespräche mit Wedding Planern, Hochzeitsexperten, DJs, Moderatoren usw., die häufig einen neutraleren Blick auf die Feierlichkeiten haben, helfen den Autoren, unbeliebte, unpraktische Spiele und NoGos zu identifizieren. Die Autoren entwickeln daraus wertvolle Tipps & Tricks.

Insgesamt sind die Autoren dem großen Wunsch der Hochzeitsgäste und Trauzeugen gefolgt. Sie sind bekannt mit Ihrem Ansatz, aufwändige Vorbereitung von Hochzeitsspielen zu minimieren und unter anderem praktische Komplettsets zu schnüren. Die Hilfe zum Zeit und Nerven sparen finden Sie auch in diesem Buch. Zu vielen Spielen vieles mehr. Dafür finden Sie beim Spiel einen hilfreichen Link, den Sie im Internet eingeben können. Oder Sie nutzen mit Ihrem Smartphone die praktischen QR-Codes.

Das Autoren Trio möchte dazu beitragen, dass Gäste und Brautpaar am ganz Besonderen Tag wunschlos glücklich sind und ein einzigartiges Fest feiern können.

Hat Ihnen das Buch „Hochzeitsspiele – Hochzeitsbräuche" gefallen?
Dann helfen Sie anderen Interessenten und bewerten Sie diesen Bestseller. Gehen Sie dazu einfach auf www.amazon.de und suchen Sie „Hochzeitsspiele – Hochzeitsbräuche 2. Auflage". Klicken Sie auf das Buch und auf „Kundenrezension verfassen". Vielen Dank für Ihre große Hilfe.

So finden Sie sich in unserem Buch leicht zurecht

Jedes Spiel ist in etwa nach dem gleichen System aufgebaut.

Bei *Material* werden Sie gleich am Anfang der Seite darüber informiert, welche Utensilien Sie benötigen. Auf einen Blick können Sie feststellen, wie materialintensiv das Spiel ist und ob Sie die Requisiten vorrätig haben oder erst noch besorgen müssen.

Unter der Spalte *Mitspieler* erkennen Sie sofort, ob alle Hochzeitsgäste einbezogen werden oder ob eine Auswahl getroffen werden muss. Ist bei einem Spiel diesbezüglich nichts erwähnt, heißt es, dass nur der Initiator gefordert ist.

Die Rubrik *Vorbereitungen* sollten Sie immer gut lesen und beherzigen.
Tipp: Berücksichtigen Sie Lieferzeiten.

Unter *Durchführung* werden das Spiel und häufig auch der Effekt, den es erzielt, genau beschrieben. Es bietet Ihnen eine Hilfestellung beim Gelingen, damit die Einlage auch garantiert zum Erfolg wird.

Bei dem einen oder anderen Spiel finden Sie auch einen *Tipp* der das Spiel noch besser abrundet, ihm eine lustigere Wendung geben kann oder vor mancher Unterhaltungsfalle warnt.

Achtung bedeutet: Es gibt Stolperfallen oder gesetzliche Bestimmungen zu berücksichtigen (z. B. bei Feuerwerken).

Unter *Kauftipps* finden Sie Bezugsquellen im Internet, die Ihnen die Vorbereitung eines Spiels erleichtern.

Sie erhalten mit dem Buch einen *5,– € Gutschein* für den Kauf von Sets und Zubehör (siehe S. 10).

Der *QR-Code* ermöglicht den Zugriff auf weitere Informationen im Internet. Einfach mit dem Smartphone einen QR-Code-Reader nutzen (siehe S. 10).

Autorentipps: Am besten direkt mit dem Internet verbunden sein. Über die praktischen Links erhalten Sie mehr Informationen und es bleiben keine Fragezeichen. Da oft mehrere Spiele interessant sind, brauchen Sie sich keine zu Seitenzahlen merken, sondern können direkt Lesezeichen im Internet setzen und an Freunde weiterleiten. Da häufig mehrere Organisatoren eingebunden sind, können Sie direkt per Mail Kontakt aufnehmen. Darüber hinaus können Spiele auch direkt als Komplettsets gekauft werden.

Wie werden die Hochzeitsspiele zum Erfolg?
Was gibt es zu berücksichtigen?

Für die einen Hochzeitspaare wäre eine Hochzeit ohne Spiele nicht denkbar, andere wiederum stehen dieser Tradition etwas verhalten gegenüber. Daher ist es im Vorfeld einer Hochzeit unerlässlich, die Vorstellungen des Brautpaares genau abzuklären. Das Paar hat in der Regel eine sehr genaue Vorstellung davon, wie der schönste Tag in ihrem Leben verlaufen soll für Sie als Freund, Verwandter oder Trauzeuge gilt es diese Vorstellung zu unterstützen und den Tag zu einem unvergesslichen Ereignis zu gestalten.

Koordination

Wenn Spiele, Reden oder anderweitige Einlagen geplant sind, ist es sinnvoll, wenn das Brautpaar einen Verantwortlichen bestimmt, der die Fäden in der Hand hält und die zeitliche Abstimmung garantiert. Diese Funktion übernimmt oft ein enger Freund oder Verwandter des Brautpaars bzw. meistens die Trauzeugen. Spricht sich dessen Aufgabe nicht unter den Gästen im Vorfeld des Festes herum, kann darauf ruhig auch ein Vermerk in der Hochzeitseinladung gemacht werden. Sollte ein solcher „Zeremonienmeister" nicht vorgesehen sein, gilt es bestimmte Faktoren zu berücksichtigen.

Stil und Etikette

Auch wenn Sie das Brautpaar und die Hochzeitsgesellschaft noch so gut kennen, sollten Sie bei den Spielen mit Bedacht vorgehen. Die einen lieben es stilvoll elegant, die anderen ausgelassen lustig. Überlegen Sie gut, im Zweifel mit dem Brautpaar zusammen, was bei den Hochzeitsgästen ankommt. Achten Sie in jedem Fall darauf, nie die Grenze des guten Geschmacks zu überschreiten.

Zeitlicher Rahmen

Der Erfolg eines Hochzeitsspiels hängt auch davon ab, den richtigen Moment zu erwischen – günstig ist beispielsweise die Zeit nach dem Essen und vor dem Tanzen. Ein Spiel gibt den Gästen die Möglichkeit, ein wenig zu entspannen.

Weniger ist mehr

Natürlich ist es immer gut gemeint, wenn Freunde und Verwandte Spiele und lustige Einlagen für eine Hochzeit planen. Aber wie so oft gilt auch hier: „weniger ist mehr". Spiele, Reden und Einlagen dürfen nicht den Lauf einer Hochzeit stören und den Ablauf unterbrechen. Gerade am späteren Abend lässt die Aufmerksamkeit der Gäste nach und man möchte sich einfach nur beim Tanz amüsieren. Achten Sie auf die Vielfalt der Spiele und vermeiden Sie Aktionen, die sich ähneln. Mit viel Abwechslung bei Spaß und Spiel wird das Fest sicher gelingen.

5,- € Gutschein

Mit diesem Buch erhalten Sie einen 5,- € Gutschein! (Einlösbar 1x pro Kunde)
Ihren 5,- € Gutschein können Sie beim Kauf von Sets und Zubehör einsetzen.
Gilt auch für alle anderen Artikel in diesen Shops:
– www.galleryy.net
– www.hochzeitsspiele1.com

5,- € Gutschein einsetzen – so funktioniert's:

Achten Sie auf diesen Button:

Geben Sie den angegebenen www.spiele1.info Link in Ihrem Browser ein oder nutzen Sie
den praktischen QR Code. Im Bestellprozess können Sie diesen Gutscheincode eingeben.
Ihr Gutscheincode lautet „Hochzeitsbuch".

Anleitung QR Codes (Quick Response Codes)

Auf vielen Seiten finden Sie praktische QR Codes wie diesen:

Die QR Codes ermöglichen Ihnen einen schnellen und einfachen Weg zu weiterer
Informationen, Anleitungen, Kauftipps, Videos und mehr direkt zum jeweiligen Spiel.

So einfach funktioniert's:

1. Laden Sie einen gratis QR Code Leseprogramm auf Ihr Smartphone oder Tablet.

   a. Öffnen Sie auf Ihrem Smartphone oder Tablet Ihren Appstore

   b. Suchen Sie nach „QR Scanner" und wählen GRATIS Leseprogramm

   c. Laden Sie den Player auf Ihr Smartphone oder Tablet

2. Öffnen Sie den QR Code Scanner auf Ihrem Smartphone oder Tablet

3. Halten Sie die Kamera auf Ihrem Smartphone oder Tablet über den QR Code beim
   jeweiligen Spiel

4. Ihr QR Code Scanner erkennt automatisch den Code und leitet Sie automatisch
   weiter zu den jeweiligen weiteren Informationen

Hochzeitsbräuche

Baumstamm sägen, Hochzeitsherz ausschneiden, Hochzeitsbaum: Es gibt viele Hochzeitsbräuche, die unterschiedlich gelebt werden. Der Ursprung ist nicht immer bekannt, aber die Traditionen gehören zum schönsten Tag des Lebens dazu.

Hochzeitsherz ausschneiden
Erster Schnitt ins gemeinsame Leben

Das Hochzeitsherz ausschneiden ist eine super Einlage, unmittelbar nach der Trauung auf dem Standesamt oder der kirchlichen Trauung. Abgesehen davon, dass es für das Brautpaar nach dem aufregenden Ja-Wort eine gewisse Auflockerung mit der ersten gemeinsamen Aufgabe darstellt. Das Herz ausschneiden bietet den Gästen neben viel Spaß auch ein schönes Fotomotiv, wenn der Bräutigam die Braut durch das aus einem Laken ausgeschnittene Herz trägt.

Zeitbedarf Wenige Minuten im Anschluss an die Trauung

Material Weißes Bettlaken, zwei stumpfe Nagelscheren, roten dicken Stift zum Aufmalen auf dem Laken.
Bedruckte und personalisierte Hochzeitsherzen als Komplettset unter www.spiele1.info/herz

Vorbereitung Malen Sie auf das weiße Laken ein großes rotes Herz. Je nach Belieben zeichnen Sie nur einen Herzumriss oder füllen das Herz ganz mit roter Farbe aus. Zusätzlich können Sie noch die Namen des Brautpaars und das Hochzeitsdatum in das Herz schreiben.

Durchführung Zwei bis vier Hochzeitsgäste halten nach der Trauung das Laken gespannt und versperren damit dem frisch vermählten Ehepaar den Weg. Bei schlechtem Wetter kann dies Spiel auch direkt im Standesamt oder der Kirche stattfinden. Die Beiden bekommen nun jeweils eine Nagelschere ausgehändigt und sollen damit ihre Seite des Herzens ausschneiden. Wäre eigentlich ganz einfach und schnell gemacht, wenn die beiden Scheren nicht völlig stumpf wären. Die beiden Akteure werden bei ihrem Tun natürlich von ihren Gästen angefeuert, zumal es darum geht, als erster sein Werk zu vollenden. Denn nur der, dem dies gelingt, wird zukünftig in der Beziehung auch die Hosen anhaben und sagen, wo es lang geht. Haben die Beiden es nun endlich geschafft, das Herz komplett auszuschneiden, trägt der Bräutigam seine Braut auf Armen durch die ausgeschnittene Öffnung im Laken. Dies ist nun der Moment, in dem sich für die mitfiebernde Hochzeitsgesellschaft ein schönes Fotomotiv bzw. Videomotiv bietet. Der Bräutigam trägt die Braut auf Armen und dank des bemalten Lakens sind im Hintergrund ein großes Hochzeitsherz, die Namen des Ehepaares und das Datum der Hochzeit zu sehen. Damit ist die erste gemeinsame Aufgabe in der frisch getrauten Ehe vollbracht. Ganz nebenbei lockert sich die Stimmung unter den Hochzeitsgästen und beim Brautpaar und die gesamte Gesellschaft kann langsam zum gemütlicheren Teil übergehen.

Lassen Sie das Hochzeitsherz professionell bedrucken und halten Sie die *Tipps* Kameras bereit! Nicht nur während des Hochzeitsspiels entstehen die ersten tollen Bilder der Ehe.

Auch danach – posierend vor dem Laken mit Herz, Namen, Datum – können schöne Bilder gemacht werden. Insbesondere Gruppenfotos mit den Eltern, den Trauzeugen, den Freunden,… sind eine unvergessliche Erinnerung für alle.

Weitere Informationen, Tipps, Videos, Anleitungen, Texte, Sprüche und Kauftipps:
unter
www.spiele1.info/herz

5 Euro Gutschein gratis für dieses Hochzeitsspiel! siehe S. 10

oder

Anleitung S. 10

Katharina   Peter

Baumstamm-Sägen
Auf den Rhythmus kommt es an...

Die gute alte Tradition des Baumstamm-Sägens darf wohl auf keiner Hochzeit fehlen. Dabei geht es zwar in erster Linie um den durchaus romantischen Gedanken, gemeinsam eine erste schwierige Aufgabe zu bewältigen, doch trotzdem kann sich das Vorhaben durchaus schwierig gestalten.

Zeitbedarf Ca. 10 Minuten – hängt von der Geschicklichkeit des Brautpaars ab.

Material Sägebock (ca. 1 m hoch), Birkenstamm (15 bis 20 cm Durchmesser), Bügelsäge, 2 Paar Arbeitshandschuhe.
Praktische Komplettsets mit allen benötigten Materialien finden Sie unter www.spiele1.info/baumstamm

Vorbereitung Wenn Ihnen die erforderlichen Utensilien zur Verfügung stehen, ist keine weitere Vorbereitung mehr nötig.

Durchführung Das Spiel kann direkt nach der Trauung vor dem Standesamt oder der Kirche durchgeführt werden. Bei schlechtem Wetter ist jedoch ein geschlossener Raum vorzuziehen. Der Baumstamm wird auf den Holzbock aufgelegt und dem Brautpaar die Arbeitshandschuhe und die Säge überreicht. Nun geht es darum, sich möglichst geschickt anzustellen und den Stamm schnellstmöglich zu zersägen. Schnell wird sich herausstellen, dass dies nicht nur eine gewisse körperliche Fitness erfordert, sondern auch ein hohes Maß an Teamfähigkeit voraussetzt. Nur wenn man in den richtigen Rhythmus findet und abwechselnd an der Säge zieht, wird das frischvermählte Paar erfolgreich sein.
Das Brautpaar sorgt mit ihrer ersten gemeinsamen Eheaufgabe für viele Lacher und einem großem Maß an Auflockerung. Bilder und Videos die bei diesem Spiel entstehen sind natürlich unbezahlbar.

Schmücken Sie den Holzbock vor dem Spiel festlich mit ein wenig Grün *Tipps*
oder mit Blumen. Lassen Sie auch alle Gäste auf dem Schnitt des Stamms
unterschreiben und schaffen Sie ein tolles kleines Gästebuch.

Achten Sie darauf, dass die Säge schön scharf ist und der Baumstamm einfach
und leicht gesägt werden kann. Neben all dem Spaß dieses Spiels sollte es
natürlich nicht zu anstrengend für das Brautpaar werden.

**Weitere Informationen, Tipps,
Videos, Anleitungen, Texte,
Sprüche und Kauftipps:**
unter
www.spiele1.info/baumstamm

oder

Anleitung S. 10

Luftballons steigen lassen
Gute Wünsche fliegen am Himmel davon

Ein sehr schöner Brauch ist das Steigenlassen von Luftballons, die langsam am Himmel verschwinden. Jeder Gast schickt mit seinem Ballon seine guten Wünsche für das Brautpaar auf einer Ballonkarte in den Himmel.

Zeitbedarf Ca. 15 Minuten – 10 Minuten Vorbereitungszeit zum Befüllen der Ballons.

Material Bunte Luftballons (evtl. in Herzform), Helium-Ballongas, Schnüre zum Festhalten der Ballons, Wunschkarten oder Postkarten.
Hochzeitsballons, Herzballons, personalisierte Hochzeitsballons, LED-Ballons und Komplettsets mit allen nötigen Materialien finden Sie unter www.spiele1.info/ballons

Vorbereitung Bedenken Sie, dass das Befüllen der Ballons einige Zeit in Anspruch nimmt. Am besten ist es, wenn Sie dies schon kurz vor der Trauung machen und die Ballons in Autos oder Extraraum zwischenlagern. Es empfiehlt sich, diese Aktion mit mehreren Personen durchzuführen. Einer füllt das Gas in die Ballone, ein andere verknotet sie und befestigt daran die Schnüre. Ein Dritter sollte damit beauftragt werden, die Ballone sicher zu verstauen und darauf zu achten, dass sich die Schnüre nicht verknoten. Die Karten werden an einer Ecke gelocht, damit sich die Schnüre besser daran knoten lassen. Wer möchte, kann auch bereits die Adresse des Brautpaars auf den Postkarten notieren. Postkarten sollten auch bereits mit einer Briefmarke versehen werden, damit sie von einem Finder auch tatsächlich weitergeschickt werden.

Durchführung Wenn das Spiel losgeht, werden an die Gäste die Karten ausgeteilt, auf denen ihre guten Wünsche für das Brautpaar festgehalten werden. Handelt es sich dabei um Postkarten müssen sie mit dem Absender des Hochzeitsgasts und – falls noch nicht geschehen – mit der Adresse des Brautpaars versehen werden. Danach erhält jeder Gast für jede Karte einen Luftballon, den er an der Karte befestigen soll. Wenn alle Gäste soweit fertig sind, werden die Ballons gleichzeitig in den Himmel entlassen, was ein besonders schönes Spektakel darstellt. Hier entstehen sicherlich auch tolle Stimmungsbilder für wunderschöne Erinnerungsfotos und –videos. Nachdem die Ballons irgendwann wieder gelandet sind, werden die Glückwunschkarten von den Findern an das Brautpaar geschickt. Somit gehen in den Folgewochen immer wieder neue Glückwünsche beim Brautpaar ein.

Eine große Auswahl bereits vorbereiteter dünner Karten mit verschiedensten *Tipps* Motiven finden Sie im Internet.

Helium-Lufballongas gibt es auch in Einweg-Flaschen, die über den normalen Hausmüll entsorgt werden können.

Auch bei Nacht kann dieses Spiel eine sehr schöne Einlage bilden. Verwenden Sie dazu LED-Ballons.

Ein besonderer Clou sind personalisierte Ballons mit einem Bild des Brautpaares, den Namen und dem Datum der Hochzeit.

Achtung: Die Schnüre der Luftballons sollten maximal einen Meter lang sein, damit sie sich nicht zu sehr verknoten.

Falls am Hochzeitstag Wind herrscht, bitte diesen mit berücksichtigen, damit der Flug der Ballone nicht frühzeitig unter dem Dach des benachbarten Hauses endet.

Spezielle Ballonflugkarten können Sie bereits vorbereitet kaufen. Häufig sind diese mit verschiedenen Motiven, Hochzeitsgrüßen und Adressfeld bedruckt und auch schon gelocht. Dazu haben die Ballonflugkarten ein geringeres Gewicht, als z. B. Postkarten, damit die Heliumballons auch schnell steigen können.

Weitere Informationen, Tipps, Videos, Anleitungen, Texte, Sprüche und Kauftipps:
unter
www.spiele1.info/ballons

oder

Anleitung S. 10

5 Euro Gutschein gratis für dieses Hochzeitsspiel! siehe S. 10

Hochzeitsbaum aufstellen
Eine alte bayerische Tradition

In vielen Gegenden ist es seit langem Tradition während das Brautpaar im Standesamt ist, einen Hochzeitsbaum vor dem Haus der zukünftigen Eheleute aufzustellen. Der Brauch soll das Paar an seine ehelichen Pflichten, nämlich die Nachwuchsproduktion erinnern.

Zeitbedarf   Je nach Anzahl an Helfern müssen für das Schmücken des Baums sowie für das anschließende Aufstellen einige Stunden eingerechnet werden.

Material   Fichtenstamm, Babyutensilien wie Kinderwagen, Lätzchen, Schnuller,… Holztafel mit Namen der Brautpaars, Storchattrappe, Kränze und Girlanden. Komplettsets finden Sie im Internet unter www.spiele1.info/baum

Vorbereitung   Der Hochzeitsbaum kann bereits längere Zeit vor der Hochzeit vorbereitet werden. Dazu wird der lange Fichtenstamm mit den Utensilien geschmückt. Zunächst werden Kränze am Stamm angebracht. Danach kommen allerlei Dinge dazu, die auf den zu erwartenden Nachwuchs anspielen z. B. Babywäsche, Kinderwagen, Kuscheltieren, Herzen. Auch Anspielungen auf die Hobbies der Brautleute oder eine Vereinsmitgliedschaft können dabei sein. Eine Tafel mit den Namen und dem Hochzeitsdatum sollte ebenfalls angebracht werden. Die Spitze des Baums wird von einer Storchattrappe geschmückt.

Durchführung   Freunde, Bekannte oder Verwandte stellen vor dem Haus/der Wohnung des zukünftigen Ehepaares den Hochzeitsbaum heimlich auf. Meist geschieht dies während der standesamtlichen Trauung des Paares. Oft werden an das Umlegen des Baums Bedingungen geknüpft. Wenn sich z. B. nach einem Jahr noch kein Nachwuchs angemeldet hat, fordern die Aufsteller eine Party ein, die vom Brautpaar ausgerichtet werden muss.

Weitere Informationen, Tipps, Videos, Anleitungen, Texte, Sprüche und Kauftipps:
unter
www.spiele1.info/baum

oder

Anleitung S. 10

Hochzeitsbaum pflanzen
Mit einem Baum die Liebe besiegeln

Seit Jahrhunderten ist es Brauch, am Tag der Hochzeit einen Hochzeitsbaum zu pflanzen. Der gepflanzte Baum gilt als Symbol für den Anfang der Ehe, die Vermählung. So unterschiedlich, wie die Wachstumsphasen und die Jahrringe des Baumes sind, so glaubt man wird auch die Ehe sein. Sinnbildlich soll die Lebenskraft des Baumes auf das Ehepaar übergehen.

Ca. eine Stunde **Zeitbedarf**

Ein Bäumchen, einen Spaten und eine Gießkanne mit Wasser **Material**

Die Vorbereitung beschränkt sich auf das Ausheben des Lochs im Garten des **Vorbereitung** Brautpaars, wo das Bäumchen zukünftig stehen soll.

Der Hochzeitsbaum steht für die tiefe Verbundenheit des Paares und symbolisiert die Dauerhaftigkeit der Ehe. Am einfachsten ist die Durchführung, wenn das Paar einen eigenen Garten besitzt, in den die Freunde oder Angehörigen, das Bäumchen setzen können. Wenn dies ohne das Beisein des Brautpaars am Tag der Hochzeit geschieht, dann ist es eine tolle Geschenkidee, das Ausheben des Lochs und das Pflanzen mit einer Kamera aufzunehmen und dem Brautpaar symbolisch zu überreichen. Lebt das Hochzeitspaar jedoch in einer Wohnung, so braucht man auf das Pflanzen eines Baums nicht verzichten. Inzwischen gibt es im Internet Anbieter, die eine Urkunde für einen Baum verkaufen, auf der ersichtlich ist, wo er gepflanzt wurde. **Durchführung**

Erkundigen Sie sich doch in der Gemeinde, in der das Brautpaar lebt, ob dort **Tipp** nicht auch ein öffentlicher Bereich zur Verfügung steht, wo ein Hochzeitsbaum gepflanzt werden kann. Einige Städte und Gemeinden haben dafür bereits Freifläche vorgesehen.

Weitere Informationen, Tipps, Videos, Anleitungen, Texte, Sprüche und Kauftipps:
unter
www.spiele1.info/pflanzen

oder

Anleitung S. 10

Brautstrauß werfen
Junggesellinnen und Junggesellen aufgepasst!

Das Brautstrauß-Werfen ein zentrales Element jeder Hochzeitsfeier. Es heißt: „Diejenige, die den Brautstrauß fängt, wird als nächste heiraten".

Material Brautstrauß oder Strumpfband bei der Variante für den Bräutigam.

Vorbereitung Traditionell wird der Brautstrauß vom Bräutigam besorgt und der Braut in der Kirche übergeben. Generell symbolisiert der Strauß blühende Liebe und Fruchtbarkeit – in Anlehnung an die Blumen.

Durchführung Alle unverheirateten Frauen der Hochzeitsgesellschaft versammeln sich. Die Braut steht in geringem Abstand mit dem Rücken zur Gruppe gewandt. Den Brautstrauß hält sie in ihren Händen und wirft ihn über ihre Schultern in die wartende Menge. Diejenige, die den Strauß fängt, wird angeblich als nächste heiraten und darf den Strauß mit nach Hause nehmen. Manchmal wird beim Fangen unter den Damen auch ein wenig getrickst, vor allem wenn schon bekannt ist, dass jemand aus der Runde demnächst heiraten wird oder wenn man weiß, dass eine der jungen Frauen gerne heiraten würde.
Traditionell findet das Werfen des Brautstraußes häufig um Mitternacht, am Ende der Hochzeitsfeier statt. Allerdings kann es auch zu jedem anderen Zeitpunkt der Feierlichkeit eingebaut werden.
Zum Werfen verwendet die Braut gerne einen speziellen Wurfstrauß. Dieser ist zum einen kompakter und zum anderen stabiler gebunden. Auch kommen hier recht robuste, strapazierfähige Blumen wie z. B. Rosen zum Einsatz. Der eigene Strauß wird von der Braut dann mit nach Hause genommen und als Erinnerung aufbewahrt – in getrockneter Form.

Tipp Häufig möchte die Braut ihren Strauß als Erinnerung an die Hochzeit aufbewahren. In diesem Fall kann man entweder zum Werfen des Straußes einen Strauß der Brautjungfer oder einen anderen eigens dafür gebundenen Strauß verwenden. Eine Alternative ist es, der Fängerin den Strauß nur symbolisch zu überlassen und sie nach dem Brautstraußwerfen um die Herausgabe zu bitten.

Variante Auch unter den Junggesellen kann der nächste Heiratskandidat ermittelt werden. Dies passiert, indem der Bräutigam das Strumpfband seiner Braut in die unverheiratete Burschenschaft wirft. Unter Beisein der versammelten Hochzeitsgesellschaft nimmt der Bräutigam seiner Ehefrau zunächst eigenhändig das Strumpfband ab. Er schiebt das Kleid seiner Braut langsam, nach oben, um die Spannung zu steigern. Schließlich nimmt er das Strumpfband ab und wirft es mit dem Rücken zu den wartenden Herren stehend, in die Menge.

Etwas Altes, etwas Neues...
... etwas Geliehenes, etwas Blaues und ein Glückspfennig im Schuh

„Something old, something new, something borrowed, something blue and a lucky six-pence in your shoe." Dieser Hochzeitsbrauch stammt eigentlich aus England, hat sich jedoch inzwischen auch bei uns durchgesetzt.

Etwas Altes, etwas Neues, etwas Geliehenes, etwas Blaues und ein Glückspfennig.   *Material*

Die Vorbereitung liegt bei diesem Brauch ausschließlich in den Händen der   *Vorbereitung* Braut, die diese Gegenstände an der Hochzeit tragen, bzw. in die Kleidung integrieren soll.

Etwas Altes steht für das bisherige Leben der Braut vor der Ehe. Es symbo-   *Durchführung* lisiert die Bindung an die Familie. Viele Bräute entscheiden sich etwa für Familienschmuck, den Ehering der Mutter oder gebrauchte Brauthandschuhe. Etwas Neues ist der Start in das Eheleben und das gemeinsame Eheglück. Hier eignen sich neue Brautschuhe, das Hochzeitskleid oder der Brautstrauß. Etwas Geliehenes sollte von einer glücklich verheirateten Freundin oder Verwandten stammen. Es steht für das Glück, das die bereits Vermählten dem Hochzeitspaar borgen.
Etwas Blaues symbolisiert Treue und Beständigkeit in der Partnerschaft. Viele Bräute wählen ein neckisches blaues Strumpfband. Aber auch blaue Blumen oder Bänder im Brautstrauß eignen sich gut.
Ein Glückspfennig im Schuh ist ein Zeichen des Wohlstandes.

Gläser klingeln
Süßer die Gläser nie klingen...

Ursprünglich kommt der Brauch des Gläser klirren lassens aus Schweden, inzwischen ist er aber auch in einigen Regionen Deutschlands verbreitet.

Immer wenn die Hochzeitsgäste durch das gemeinsame Anklirren der Gläser   *Durchführung* am Tisch mit Hilfe von Besteck, häufig unterstützt durch verbale Anfeuerungen, einen Kuss einfordern, muss sich das Brautpaar küssen.

Das Brautpaar kann dann aber auch ein anderes Paar auswählen, das zunächst   *Variante* einen Kuss vormacht, den das Brautpaar dann genau so versucht, nachzumachen.

Braut entführen
Die Frischvermählte auf Abwegen

Das Stehlen der Braut soll Glück bringen und auch die Ablösung der jungen Frau vom Elternhaus symbolisieren.

Durchführung Die Braut wird in einem vom Bräutigam unbeobachteten Moment von Freunden entführt und in ein Versteck gebracht. Dabei handelt es sich meist um ein Nebenzimmer des Saals oder um eine nahe gelegene Kneipe. Um sich die Zeit im Versteck gesellig zu vertreiben, wird meist getrunken, gesungen und kurze Partyspiele gespielt. Wenn der Bräutigam nun über die Entführung unterrichtet wurde, macht er sich mit seinem Trauzeugen oder der gesamten Hochzeitsgesellschaft auf die Suche. In der Regel begleiten ihn dabei auch die Musiker. Da der Bräutigam recht schnell fündig wird, kommt es auch gar nicht auf die Suche an, sondern auf das Auslösen der entführten Braut. Dies geschieht meist in Form von witzigen Spielen und anderen Interaktionen wie

– **Holzscheit-Knien:** Der Bräutigam kniet auf einem Holzscheit nieder und muss z. B. 10 Kosenamen für seine Braut finden.
– **Wünsche erfüllen:** Die Braut äußert drei Wünsche, auf die der Bräutigam mit den Worten „Ja, ich will" antworten muss und zu deren Erfüllung er sich vor Zeugen verpflichtet.
– **Lieder summen:** Der Bräutigam muss solange verschiedene Lieder summen, bis die Braut drei davon erkannt hat. Mit jedem falschen Raten seitens der Braut erhält der Bräutigam ein neues Verkleidungsstück. So schlüpft der Frischvermählte nach und nach in eine witzig aussehende Maskerade.
– **Fragen beantworten:** Der Bräutigam muss Fragen zu seiner Angetrauten beantworten, z. B. zur Lieblingsfarbe oder zu besonderen Ereignissen im Leben der beiden. Liegt der Ehemann richtig, darf er einen Schritt nach vorne machen. Ist die Antwort falsch, geht es hingegen einen Schritt zurück. Ziel ist es, bei der Braut anzukommen und sie endlich wieder im Arm zu halten.

Während des Brautstehlens spielt die Band Lieder zur Unterhaltung und die Entführer genehmigen sich gerne etwas. Die Zeche, die dabei gemacht wird, geht auf das Konto des Bräutigams. Wenn die Braut ausgelöst wurde, kehrt das Brautpaar wieder auf die Hochzeitsfeier zurück.

Da sich das Brautentführen manchmal aufgrund der geselligen Runde hin-   *Tipp*
ziehen kann und dadurch auf der eigentlichen Hochzeitsfeier ein ziemlicher
Leerlauf entsteht, ist nicht jedes Brautpaar mit dem Brauch einverstanden.
Dies gilt vor allem in dem Fall, wenn sich nicht die ganze Hochzeitsgesellschaft auf die Suche nach der Braut macht. Daher sollte im Vorfeld zunächst
abgeklärt werden, ob eine Entführung der Braut überhaupt gewünscht wird.

Hochzeitstorte anschneiden
Das verheißungsvolle Anschneiden

Die Hochzeitstorte darf auf keiner Hochzeit fehlen. Der bekannteste Brauch
rund um die Torte ist sicherlich das gemeinsame Anschneiden.

Eine Hochzeitstorte und ein scharfes Tortenmesser.   *Material*

Die Hochzeitstorte gehört zu jeder Feier. Meist lässt man sie beim Konditor   *Vorbereitung*
backen, manchmal können das auch Freunde oder Verwandte übernehmen.
Keinesfalls darf das Brautpaar die Torte jedoch selbst backen – so will es
die Tradition. Häufig werden mehrstöckige Torten in Auftrag gegeben. Das
Tortenmesser wird mit einer weißen Schleife verziert.

Findet sowohl eine standesamtliche als auch eine kirchliche Trauung statt,   *Durchführung*
sollte die Torte erst nach der Kirche zerteilt werden und dies in feierlicher
Form geschehen. Das Messer liegt neben der Torte bereit, da ein alter Aberglaube besagt, dass dem Paar das Messer nicht gereicht werden darf, weil dies
dem Überbringer sonst Unglück bringt. Das erste Stück wird nun, indem das
Brautpaar das Messer gemeinsam hält, aus der untersten Ebene der Torte
herausgeschnitten. Auch hier sagt ein alter Aberglaube, dass derjenige, dessen Hand am Messer oben aufliegt und den Schnitt führt, zukünftig in der
Ehe das Sagen hat. Das erste Stück verzehrt traditionsgemäß das Brautpaar,
indem es sich gegenseitig füttert. Das Hochzeitspaar kann dann einige Stücke abschneiden, um sie Familienangehörigen und Trauzeugen zu reichen.
Danach sollte eine dafür abgestellte Person weitermachen.

In der Torte darf Marzipan auf keinen Fall fehlen! Das wird nämlich aus   *Wichtig*
Mandeln hergestellt und die stehen für Glück in der Liebe und Fruchtbarkeit.

Hochzeitstortenfigur vom Foto
Dem Brautpaar aus dem Gesicht geschnitten

Viele Bräuche haben sich rund um die Torte entwickelt. Natürlich muss eine Tortenfigur die oberste Etage zieren. Der absolute Knüller wird aber sein, wenn diese Figur das Brautpaar darstellt.

Material   Individualisierte Figuren, die im Vorfeld im Internet bestellt werden können finden Sie unter www.spiele1.info/torte und eine Hochzeitstorte.

Vorbereitung   Die Hochzeitstorte gehört zu jeder Feier. Meist lässt man sie beim Konditor backen, manchmal können das auch Freunde oder Verwandte übernehmen, denn das Brautpaar darf dies auf keinen Fall selbst übernehmen. Besonders gut kommen die Figuren zur Geltung, wenn es sich um eine mehrstöckige Torte handelt. Die Hochzeitsfiguren müssen rechtzeitig etwa vier Wochen vor der Hochzeit im Internet bestellt werden. Dazu sind ein gemeinsame Foto des Brautpaars bzw. auch zwei Einzelfotos erforderlich.

Durchführung   Die Hochzeitstorte mit dem Brautpaar in 3D wird der absolute Hingucker auf der Hochzeit werden. Künstler erstellen aus dem Foto des Brautpaars eine personalisierte handgefertigte und handbemalte 3D Figur. Eine tolle Geschenkidee zur Hochzeit, die auch dann noch viel Freude macht, wenn die Hochzeitstorte längst aufgegessen ist. Außerdem bringt das Aufbewahren der Tortenfiguren dem Brautpaar lang anhaltendes Glück.

Weitere Informationen, Tipps, Videos, Anleitungen, Texte, Sprüche und Kauftipps:
unter
www.spiele1.info/torte

oder

5 Euro Gutschein gratis für dieses Hochzeitsspiel! siehe S. 10

Anleitung S. 10

Kreativspiele

Leinwand bemalen, Gästebücher erstellen, Puzzle bemalen:
Kreative Erinnerungsspiele schaffen eine beeindruckenede
Überraschung und sind ein individuelles Hochzeitsgeschenk.
Dafür brauchen die Gäste nicht einmal besonders kreativ sein.

Fingerabdruck – Leinwand
Ein garantiert fälschungssicheres Geschenk

Das Gästebuch einmal völlig anders, kreativ, witzig und ganz schnell gemacht. Eine Künstlerleinwand per Staffelei aufgestellt, Stempelkissen und Stifte dazugelegt und schon kann das Spiel starten. Am Ende ist die Leinwand ein wunderschönes Hochzeitsgeschenk und Gästebuch mit Fingerabdrücken, Namen und Wünschen für jede Wand.

Zeitbedarf Längere, parallele Aktivität zur Hochzeit. Endet mit der feierlichen Übergabe an das Brautpaar. Der einzelne Gast benötigt jeweils nur ein paar Minuten für das Hochzeitsspiel.

Material Bedruckte Künstlerleinwand, verschiedenfarbige Stempelkissen oder Fingerfarbe, (Filz-) Stifte, Feuchttücher zum Reinigen und optional ein Staffelei

Vorbereitung Wenn Sie im Vorfeld das benötigte Material besorgt haben, sind kaum noch weitere Vorbereitungen nötig. Platzieren Sie die Leinwand an einer gut einsehbaren Stelle in der Räumlichkeit, wo gefeiert wird. Vorteilhaft ist es hierbei, eine Staffelei zu verwenden, auf der die Leinwand aufgestellt wird. Legen Sie auf einen kleinen Beistelltisch verschiedenfarbige Stempelkissen oder Fingerfarben, farbechte Filzstifte und Feuchttücher, mit denen sich die Hochzeitsgäste nach erfolgreichem Fingerabdruck auf der Leinwand die Finger reinigen können. Eine kurze Bedienungsanleitung bzw. Aufsteller, auf dem erklärt wird, was die Gäste zu tun haben, ist vor allem für die ersten „Drücker" hilfreich.

Durchführung Die Hochzeitsgesellschaft kann sich nun auf der Leinwand verewigen, indem jeder Gast seinen Fingerabdruck hinterlässt. Die Farbe wird mit Hilfe des Stempelkissens oder einer vorsichtigen Verwendung der Fingerfarbe auf den Daumen aufgetragen. Je nachdem ob es eine vorgezeichnete Vorlage auf der Leinwand gibt – sehr beliebt sind hier Hochzeitsbäume, deren Blätter dann durch die Abdrücke dargestellt werden – können die Gäste nun munter drauf los gestalten und so ein einzigartiges Kunstwerk mit einzigartigen Abdrücken schaffen. Mit den dünnen Stiften können die Abdrücke personalisiert mit Namen oder persönliche Wünsche dazu geschrieben werden.

Ein ganz besonderes Geschenk wird die Leinwand, wenn neben dem entstehenden Motiv noch der Name des Brautpaars und das Datum der Hochzeit abgedruckt sind.

Wenn sich alle Gäste verewigt haben und das Kunstwerk trocken ist, wird es dem Brautpaar als bleibende Erinnerung überreicht.

Dieses Hochzeitsspiel ist neben dem lustigen Hochzeitsspiele-Charakter auch ein sehr beliebtes Geschenk. Die „Gästebuch-Leinwand" schmückt im Anschluss der Hochzeit die Wände der Brautpaare und sorgt noch Jahre später für schöne Erinnerungen an die Hochzeitsgäste.

Geben Sie ein Motiv auf der Leinwand vor, das durch die Abdrücke ausgeschmückt wird, z. B. einen Baum, Herzen oder Tiere.   *Tipps*

Bedruckte Leinwände können neben den Namen und dem Hochzeitsdatum auch mit Sprüchen, Wünschen oder kurze Gedichten versehen werden.

Achten Sie darauf, dass die Größe der Leinwand zur Anzahl der Hochzeitsgäste passt. Schließlich soll ja jeder Teilnehmer genug Platz für seinen Abdruck haben.

Weitere Informationen, Tipps, Videos, Anleitungen, Texte, Sprüche und Kauftipps:
unter
www.spiele1.info/finger

oder

Anleitung S. 10

Holzmosaik Puzzle bemalen
Stück für Stück zum Kunstwerk der Liebe

Das Holzmosaik schafft eine bleibende individuelle Erinnerung an die gesamte Hochzeitsgesellschaft. Mit viel Spaß und Kreativität können sich die Gäste – jung und alt – verewigen. So entsteht ein einzigartiges Gesamtkunstwerk, das viel Spaß beim Gestalten während der Hochzeitsfeier verspricht und darüber hinaus ein buntes lebendiges Gästebuch darstellt.

Zeitbedarf   Parallel zur Hochzeitsfeier, den ganzen Abend andauernd. Endet mit der feierlichen Übergabe des Kunstwerks an das Brautpaar.
Der einzelne Gast benötigt jeweils nur ein paar Minuten zum bemalen des Puzzleteils.

Material   Vorgefertigtes Holzmosaik mit Rahmen, bunte Acryl-Farben, Pinsel, Schälchen oder Pappteller zum Mischen der Farben, Tischdecke oder anderweitige Abdeckung zum Schutz des Tisches, Feuchttücher zum Reinigen der Hände, Gläser mit Wasser für die Pinsel.
Komplettsets, unterschiedliche Motive und Größen sind im Internet unter www.spiele1.info/mosaik bestellbar.

Vorbereitung   Wenn Sie im Vorfeld das benötigte Material besorgt haben, sind kaum noch weitere Vorbereitungen nötig. Richten Sie eine Malecke in einem, etwas von der Feierräumlichkeit abgetrennten Bereich ein. Schützen Sie den Tisch, auf dem die Malutensilien bereit gehalten werden, mit einem Tuch oder einer anderweitigen Abdeckung. Bunte Acryl-Farben und Pinsel, sowie Schälchen oder Pappteller zum Mischen der Farben und Wassergläser für die Pinsel werden auf dem Tisch aufgebaut. Vergessen Sie auch nicht, Reinigungstücher für die Hände bereitzulegen.

Durchführung   Der Initiator des Holzmosaik-Spiels fordert die Gäste an den einzelnen Tischen auf, im Laufe der Hochzeitsfeier einen Mosaikstein nach Lust und Laune zu bemalen und somit ihren individuellen Beitrag zu dem entstehenden Gemeinschaftskunstwerk zu leisten.
In der Malecke wird sich bald ein reger Kommunikationsaustausch entwickeln, so dass das Spiel auch das Eis bricht, wenn sich nicht alle Gäste bereits kennen. Der Kreativität ist beim Malen keine Grenze gesetzt.

Wenn sich alle Gäste nun an der Erstellung des Kunstwerks beteiligt haben, geht es an die Fertigstellung des Mosaiks. Die Puzzle-Teile sind schnell getrocknet und müssen nun aufgeklebt werden. Dies ist aufgrund der Nummerierung auf der Rückseite überhaupt kein Problem. Wenn auch dies erledigt ist, steht der Überreichung dieses sehr persönlichen und individuellen Hochzeitsgeschenks nichts mehr im Wege.

Wenngleich das Brautpaar während der Feierlichkeit gewisse Aktivitäten wahrgenommen hat, so wird es doch über dieses Gemeinschaftskunstwerk der gesamten Hochzeitsgesellschaft sehr erstaunt sein. Das Holzmosaik wird durch die Mitwirkung aller Gäste ein ganz besonderes Geschenk.

Eine besonders schöne Überraschung ist es, wenn das Brautpaar die bemalten Mosaikteile selbst puzzeln darf. Dazu die einzelnen bemalten Teile überreichen. Das Brautpaar muss jetzt die Teile zusammensetzen und bei jedem Teil laut raten, wer es bemalt hat und was es bedeutet.

Tipps

Wer nicht kreativ malen möchte, kann die einzelnen Puzzleteile auch mit Glückwünschen, Sprüchen oder einem einfachen Autogramm versehen. Legen Sie dazu einfach ein paar Filzstifte/Edding oder ähnliches bei.

Achten Sie darauf, dass die Größe des Mosaiks und somit die Puzzleteile-Zahl zur Anzahl der Hochzeitsgäste passt.

Das Holzmosaik gibt es nicht nur für Hochzeiten, sondern auch für Geburtstage und Jubiläen.

**Weitere Informationen, Tipps,
Videos, Anleitungen, Texte,
Sprüche und Kauftipps:**
unter
www.spiele1.info/mosaik

oder

Anleitung S. 10

5 Euro
Gutschein gratis für
dieses Hochzeitsspiel!
siehe S. 10

Magnetwand erstellen
Ein Spiel mit hoher Anziehungskraft

Auf der Magnetwand können alle Hochzeitsgäste eine ganz persönliche Erinnerung für das Brautpaar schaffen. Abgesehen von dem Spaß, den das Bemalen macht, entsteht ein individuelles Geschenk, das auch im Haushalt eine Verwendung findet und jeden Tag an die Gäste erinnert.

Zeitbedarf Parallel zur Hochzeitsfeier, den ganzen Abend andauernd. Endet mit der feierlichen Übergabe der Magnetwand an das Brautpaar.

Material Weiße Magnetwand mit Rahmen, Motiv-Holz-Magnete für jeden Gast, bunte Acryl-Farben, Pinsel, Schälchen oder Pappteller zum Mischen der Farben, Feuchttücher zum Reinigen der Hände, Gläser mit Wasser für die Pinsel. Komplettsets finden Sie unter www.spiele1.info/magnet

Vorbereitung Suchen Sie eine ruhige Ecke mit Tisch und legen Sie die zunächst noch farblosen Motivmagnete aus. Bunte Acryl-Farben und Pinsel, sowie Schälchen zum Mischen der Farben und Wassergläser für die Pinsel werden dann auf dem Tisch aufgebaut.

Durchführung An den Tischen werden die Gäste aufgefordert, im Laufe der Hochzeitsfeier einen Magneten zu bemalen. Der individuell bemalte Magnet wird an der Magnetwand gepinnt. Es ergibt sich ein tolles Ensemble aus vielen kleinen Einzelwerken. Wenn alle Gäste ihren Beitrag zu diesem originellen Kunstwerk geleistet haben, wird dieses sehr persönliche und individuelle Hochzeitsgeschenk überreicht. Hat die Magnetwand nach der Feier ihren Platz im Haushalt gefunden und erinnert dort an Termine, Einkäufe und wichtige Ereignisse, erinnert sie gleichzeitig das Brautpaar noch lange an jeden einzelnen Hochzeitsgast, der sich mit seinem Kunstwerk verewigt hat.

Anleitung S. 10

Weitere Informationen, Tipps, Videos, Anleitungen, Texte, Sprüche und Kauftipps:
unter
www.spiele1.info/magnet

oder

5 Euro Gutschein gratis für dieses Hochzeitsspiel! siehe S. 10

Gästebuch mit Erinnerungen basteln
Weißt du noch, damals?

Sich gemeinsam alte Fotos anzusehen und an Erlebtes zu erinnern, hat auch auf der Hochzeit einen hohen Stellenwert und birgt lustiger Erinnerungen, die gerade in diesem Rahmen eine wunderbare Bühne bieten. Warum nicht all diese Erlebnisse in einem Gästebuch zusammenfassen?

Länger, parallele Aktivität zur Hochzeit. Endet mit der feierlichen Übergabe an das Brautpaar.   *Zeitbedarf*

Buch mit leeren Seiten, Schreibstifte, Klebstoff, Papier für Gäste die keine fertige Seite mitgebracht haben, Schere.   *Material*

Bereits einige Wochen vor der Hochzeit sollten Sie sich eine komplette Gäste-liste geben lassen und die Eingeladenen kontaktieren. Bitten Sie alle Gäste, ihre schönste, witzigste oder aber auch ergreifendsten Erlebnisse mit dem Braut-paar aufzuschreiben und die Seite mit gemeinsamen Fotos zu bestücken. Bitten Sie die Gäste, diese Seite am Tag der Hochzeit mitzubringen und diese schön gestaltete Seite in einheitlichem Format bereit zu halten. Alternativ können die Anekdoten aber auch schon per E-Mail als fertig gestaltetes PDF an Sie übermittelt werden.   *Vorbereitung*

Während der Hochzeitsfeier werden die fertigen Seiten mit den gemeinsamen Erinnerungen in das Album eingeklebt. Wer keine Seite vorgefertigt hat, kann noch eine per Hand vor Ort schreiben. Das fertige Gästebuch wird dann dem Brautpaar während der Feier überreicht.   *Durchführung*

Beginnen Sie das Layout des Gästebuchs am besten mit einem Vorwort bzw. mit ein paar persönlichen Worten. Wenn Ihnen die Stories bereits alle vor der Hochzeit per Mail zugesandt wurden, kann das Buch mit einer Gestal-tungssoftware auch professionell im Vorfeld erstellt werden.   *Tipp*

Weitere Informationen, Tipps, Videos, Anleitungen, Texte, Sprüche und Kauftipps:
unter
www.spiele1.info/gästebuch

oder

5 Euro
Gutschein gratis für dieses Hochzeitsspiel! siehe S. 10

Anleitung S. 10

Gästebuch-Leinwand
Ein Gäste-Setzkasten

Hier kann sich die Hochzeitsgesellschaft nicht nur schriftlich verewigen, sondern mit vielen Kleinigkeiten, an Gemeinsames mit dem Brautpaar erinnern oder den jungen Eheleuten Glück wünschen.

Zeitbedarf Parallel zur Hochzeitsfeier, den ganzen Abend andauernd. Endet mit dem Überreichen der Leinwand an das Brautpaar.

Material Hochwertige Leinwand, Rahmen für die Leinwand, bunte Farbstifte, Klebstoff, Pinnadeln. Komplettsets auch unter www.spiele1.info/gästeleinwand

Vorbereitung Besorgen Sie sich im Vorfeld der Hochzeitsfeierlichkeit eine Gästeliste und bitten Sie die Gäste, sich für einen ganz persönlichen Wunsch an das Brautpaar oder über eine gemeinsame Erinnerung Gedanken zu machen. Diese sollen auf einer kleinen, von den Maßen her festgelegten Fläche irgendwie zu Papier oder anderweitig zum Ausdruck gebracht werden. Dies kann in Form eines Fotos, eines Bildes, eines Spruchs oder eines kleinen Gegenstands sein, der als Symbol zu verstehen ist.

Durchführung Der Organisator des Spiels bitten nun die Gäste im Laufe der Feierlichkeit, ihre Symbole, Wünsche oder Sprüche auf der Leinwand mit Hilfe der Pinnadeln und des Klebstoffs zu befestigen. All denjenigen, die keine Vorlage mitgebracht haben, stehen Stifte zur Verfügung, um sich mit den guten Gedanken für das Brautpaar noch auf der Leinwand zu verewigen. Im Laufe des Abends entsteht ein bunter Setzkasten aus unterschiedlichsten Erinnerungen, Wünschen und Symbolen – ein individuelles Gästebuch.

Tipp Lassen Sie an einer Stelle der Leinwand ein paar Quadrate frei und schreiben Sie dort mit schöner geschwungener Schrift die Namen des Paares und den Hochzeitstermin. So wird der „Setzkasten" noch persönlicher.

Weitere Informationen, Tipps, Videos, Anleitungen, Texte, Sprüche und Kauftipps:

unter
www.spiele1.info/gästeleinwand

oder

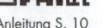

Anleitung S. 10

5 Euro Gutschein gratis für dieses Hochzeitsspiel! siehe S. 10

Kussmund-Leinwand

🎵 Rote Lippen soll man küssen, denn zum Küssen sind sie da ... 🎵

Küsse sind ein Zeichen der Liebe. Daher gibt es wohl kaum ein ausdrucksstärkeres Geschenk, als in einem Kunstwerk verewigte Küsse der gesamten Gästeschar. Ein hoher Spaßfaktor ist garantiert, wenn sich alle Gäste einschließlich Männer mit Lippenstift für den Kussmund präparieren.

Zeitbedarf

Parallel zur Hochzeitsfeier, den ganzen Abend andauernd. Endet mit dem Überreichen der Kussmund-Leinwand an das Brautpaar.

Material

Fotoleinwand, Rahmen für die Leinwand, verschiedene rote Lippenstifte, dünne Filzschreiber, Makeup-Entfernungstücher und ein Handspiegel. Tolle Motivleinwände finden Sie unter www.spiele1.info/kuss

Vorbereitung

Die Fotoleinwand sollte im Vorfeld noch mit einem Motiv versehen sein, um das herum sich später die Kussmünder gruppieren können. Dies können Herzen, Blumen oder Bäume sein. Nun gilt es auf der Hochzeitsfeier eine abgelegene Ecke zu finden, wo die Leinwand zunächst platziert werden kann.

Durchführung

Die Gäste malen sich entweder mit eigenen Lippenstiften oder mit den zur Verfügung gestellten, die Lippen kräftig an und drücken dann einen roten Kussmund auf die Leinwand. Zur besseren Kennzeichnung kann man mit einem feinen Stift jeweils den Namen des Gasts neben den Abdruck schreiben. Sie werden sehen, dass sich die „Kussecke" schnell einer großen Beliebtheit erfreut, weil sich vor allem bei den Männern mit geschminkten Lippen witzige Szenen gestalten. Wenn alle Gäste ihren Kuss für das Brautpaar zu Papier gebracht haben, kann das originelle Geschenk, das garantiert einen Sonderplatz in der Wohnung des Brautpaars bekommt, überreicht werden.

Weitere Informationen, Tipps, Videos, Anleitungen, Texte, Sprüche und Kauftipps:
unter
www.spiele1.info/kuss

oder

5 Euro Gutschein gratis für dieses Hochzeitsspiel! siehe S. 10

Anleitung S. 10

Gästebuch mit Zeitstrahl
Der Lauf der Zeit

Ein Gästebuch ist immer eine schöne Erinnerung für das Brautpaar. Aber wie schwer tut sich so mancher Gast, einen schönen Spruch oder einen individuellen Glückwunsch zu hinterlassen? Viel mehr Spaß bereitet es, eine Chronik zu erstellen und diese mit gemeinsamen Erinnerungen in Verbindung mit dem Brautpaar zu Befüllen.

Zeitbedarf Parallel zur Hochzeitsfeier, den ganzen Abend andauernd. Endet mit dem Überreichen des Zeitstrahls an das Brautpaar.

Material Posterpapier (ca. 40 cm x 200 cm groß), Lineal, verschiedene Stifte. Vorbereitete Poster finden Sie unter www.spiele1.info/zeit

Vorbereitung Auf dem Posterpapier wird ein Zeitstrahl aufgezeichnet. Der Namen des Brautpaars und evtl. auch das Hochzeitsdatum, werden mit einer schönen geschwungenen Schrift groß an eine obere Ecke des Posterpapiers geschrieben. Dann wird der Zeitstrahl an der Wand angebracht. Stifte für die Gäste zur Beschriftung der Chronik werden daneben ausgelegt.

Durchführung Der Organisator des Spiels fordert nun alle Gäste auf, sich im Laufe der Veranstaltung in der Zeitchronik einzutragen. Dabei können die Gäste gemeinsame Erlebnisse, Erinnerungen oder Vorkommnisse rund ums Brautpaar auf der Zeitskala eintragen. So schaffen Sie ein Gästebuch, das nicht nur eine Erinnerung an die Hochzeitsfeier ist, sondern vor allem eine lebendige Erinnerung an das gemeinsam Erlebte vom Brautpaar und den Gästen.

Tipp Überreicht werden kann die Chronik dann gerollt mit einer schönen Schleife versehen, als Überraschung für das Hochzeitspaar.

Anleitung S. 10

Weitere Informationen, Tipps, Videos, Anleitungen, Texte, Sprüche und Kauftipps:
unter
www.spiele1.info/zeit

oder

5 Euro
Gutschein gratis für dieses Hochzeitsspiel!
siehe S. 10

Hochzeits-Weinkiste
Wein, Weib und Gesang – (fast) ein Leben lang

Wenn das Brautpaar gerne mal ein gutes Glas Wein genießt, bietet sich dieses individuelle Geschenkspiel an, das zudem unter Weinkennern sofort eine gute Gesprächsgrundlage bietet und so auch Gäste zusammenführt, die sich bisher noch nicht kennen gelernt hatten.

Parallel zur Hochzeitsfeier. Kann den ganzen Abend andauern. Endet mit dem Überreichen der Weinkiste an das Brautpaar. *Zeitbedarf*

Hochwertige Weinkisten, personalisierte Weinetiketten mit dem Namen des Brautpaars und dem Hochzeitsdatum, Stifte, Weinflasche von jedem Gast. Weinkisten und Etiketten finden Sie unter www.spiele1.info/wein *Material*

Besorgen Sie sich im Vorfeld der Hochzeitsfeierlichkeit eine Gästeliste und bitten Sie jeden Gast zur Hochzeit eine Flasche Wein mitzubringen. Bei dem Wein sollte es sich um eine Sorte handeln, die der Schenkende oder das Hochzeitspaar gerne trinkt, aus einem seiner beliebtesten Weinanbaugebiete stammt oder mit dem er und das Brautpaar schöne Erinnerungen verbinden. Das alte Etikett des Weines muss im Vorfeld abgelöst werden. *Vorbereitung*

Der Initiator nimmt die Weine entgegen und versieht sie mit dem eigens für die Hochzeit gedruckten Etikett, auf dem der Name des Brautpaars und das Datum der Hochzeit stehen. Außerdem sollte auf dem Etikett noch Platz für den Namen des Schenkenden sein, der dann gewissenhaft vom Organisator eingetragen wird. Anschließend werden die Flaschen in dekorativen Holzkisten verstaut und wenn die Aktion abgeschlossen ist, dem Brautpaar überreicht. Nun wird das Brautpaar jedes Mal, wenn es eine dieser Flaschen aus der Weintruhe entnimmt und sie öffnet, an seinen schönsten Tag im Leben erinnert werden – und natürlich auch an den Schenker. Besonders interessant wird dieses nachhaltige Geschenk dadurch, dass das Brautpaar an den Flaschen nicht mehr erkennen kann, um welchen Wein es sich handelt und sich so auf den guten Geschmack des Weinschenkers verlassen darf. *Durchführung*

Notieren Sie sich, welche Flasche Wein Sie verschenkt haben, da bei Gefallen sicherlich eine Nachfrage durch das Brautpaar gestellt wird. *Tipp*

Weitere Informationen, Tipps, Videos, Anleitungen, Texte, Sprüche und Kauftipps:
unter
www.spiele1.info/wein

oder

Anleitung S. 10

Kochbuch
Liebe geht durch den Magen

Das Kochbuch ist ein Gästebuch, das in mehrfacher Hinsicht immer wieder an die Hochzeit, die Gäste und deren Vorlieben erinnert. Ganz persönliche Wünsche werden hier in Form von Rezepten vermittelt.

Zeitbedarf Länger, parallele Aktivität zur Hochzeit. Endet mit der feierlichen Übergabe an das Brautpaar.

Material Album mit leeren Seiten, Schreibstifte, Klebstoff, Papier für Gäste, die kein Rezept mitgebracht haben, Schere, Deko-Aufkleber.

Vorbereitung Bereits einige Wochen vor der Hochzeit sollten Sie sich eine komplette Gästeliste geben lassen und die Eingeladenen kontaktieren. Bitten Sie alle Gäste, am Tag der Hochzeit ihr Lieblingsrezept mitzubringen und dies auf einer schön gestalteten Seite in einheitlichem Format (richtet sich nach der Albumgröße) bereit zu halten. Alternativ können die Rezepte aber auch schon per Mail als fertig gestaltetes PDF an Sie übermittelt werden. Besonders individuell wird das Kochbuch, wenn die Rezeptverfasser noch jeweils ein Foto von sich mitschicken, das dann ebenfalls auf der Seite mit eingebunden wird.

Durchführung Während der Hochzeitsfeier werden die fertigen Rezepte in das Album eingeklebt. Wer kein Rezept mitgebracht hat, kann noch eins per Hand vor Ort schreiben oder alternativ auch sein Lieblingsrestaurant aufführen, falls er mit Kochen überhaupt nichts am Hut hat. Das fertige Album wird dann vom Organisator dem Brautpaar nicht nur als kulinarischer Bestseller, sondern als sehr persönliche Erinnerung an die Gäste überreicht.

Tipp Beginnen Sie das Layout des Kochbuchs am besten mit einem Vorwort. Sortieren Sie alle eingegangenen Rezepte nach Vorspeisen, Hauptgerichte und Nachtische. Sie können dann auf jeder Seite ein anderes Rezept mit dem Namen und dem Bild der Person abbilden. Wenn Ihnen die Rezepte bereits vor der Hochzeit gesandt wurden, kann das Buch mit einer Gestaltungssoftware erstellt werden.

Kalender der Erinnerung
Schön, dass die Zeit so schnell vergeht

Immer dann, wenn man den Kalender umblättert, kommt einem in den Sinn, dass die Zeit einfach zu schnell verrinnt. Mit diesem Hochzeitsgeschenk wird sich das Brautpaar auf jede neue Woche freuen und gar nicht schnell genug umblättern wollen.

Wird im Vorfeld angefertigt, erfordert aber ein höheres Maß an Zeit bis der Kalender erstellt ist. *Zeitbedarf*

Der Kalender kann entweder selbst ausgedruckt werden, sollte aber dann professionell gebunden werden. Oder aber die erstellten Seiten werden direkt an einen Kalendershop gemailt und dort fertiggestellt. *Material*

Auch dieses Geschenk erfordert einiges an Vorbereitungszeit, lohnt aber die Mühe, weil es sehr persönlich gestaltet ist und das Brautpaar über ein gesamtes folgendes Jahr erfreut. *Vorbereitung*

Bereits einige Wochen vor der Hochzeit sollten Sie sich eine komplette Gästeliste geben lassen und die Eingeladenen kontaktieren. Bitten Sie alle Gäste, eine Seite für einen Wochenkalender zu basteln und geben Sie dafür genau die Woche vor, für die die Seite erstellt werden soll. Dabei kann es sich um eine witzige Erinnerung mit Foto handeln wie z. B. „weißt Du noch, im April 91, als wir in der Toskana waren" oder eine Einladung dahinter stecken, wie z. B. „es ist Juli – habt ihr nicht Lust, zum Grillen vorbei zu kommen?". Die Gäste mailen Ihnen zu einem festgesetzten Stichtag die einzelnen Seiten zurück. Jede Woche werden die frisch Vermählten so an ihren Jubeltag und ihre Gäste erinnert und erhalten darüber hinaus noch den einen oder anderen Gutschein für eine gemeinsame Aktivität mit ihren lieben Freunden oder Verwandten. *Durchführung*

Foto-Leinwand malen
Die Geburtsstunde eines einzigartigen Kunstwerks

Ob die Hochzeitsgesellschaft kreativ ist, spielt keine Rolle bei dem Spiel. Fest steht, dass durch die unterschiedlich entwickelten Fähigkeiten der Gäste ein Geschenk entsteht, das einzigartig ist.

Zeitbedarf   Parallel zur Hochzeitsfeier, den ganzen Abend andauernd. Endet mit dem Überreichen der Foto-Leinwand an das Brautpaar.

Material   Hochwertige Fotoleinwand, Foto des Brautpaars in der gleichen Größe vergrößert, Rahmen für die Leinwand, bunte Acryl-Farben, Pinsel. Komplettsets finden Sie unter www.spiele1.info/malen.

Vorbereitung   Die Fotoleinwand und das vergrößerte Foto des Brautpaares werden in gleich große Quadrate eingeteilt. Dann werden Rechtecke auf Foto und Leinwand und das Foto in kleine Quadrate zerschnitten. Nun gilt es auf der Hochzeitsfeier eine abgelegene Ecke zu finden, wo die Leinwand zunächst platziert werden kann und nicht im unmittelbaren Blickfeld des Brautpaares steht.

Durchführung   Jeder Gast erhält ein Quadrat des zerschnittenen Fotos. Die Rückseitennummer lässt erkennen welches Feld bemalt werden soll Aufgrund der unterschiedlichsten Maltalente der Gäste entsteht ein ausgesprochen interessantes Gemälde, das nicht nur das Brautpaar auf äußerst kreative und vermutlich auch sehr abstrakte Art und Weise, sondern auch ein ungewöhnliches und ausgesprochen persönliches Gästebuch darstellt. Das originelle Geschenk bekommt garantiert einen Sonderplatz in der Wohnung des Brautpaares.

Tipp   Nehmen Sie ein Foto des Brautpaars, wo dieses deutlich zu erkennen ist und wenig Hintergrundmotiv ablenken. So wird das Bild deutlicher strukturiert.

Weitere Informationen, Tipps, Videos, Anleitungen, Texte, Sprüche und Kauftipps:
unter
www.spiele1.info/malen

oder

5 Euro Gutschein gratis für dieses Hochzeitsspiel! siehe S. 10

Anleitung S. 10

Motiv-Leinwand
Lasst die Bilder sprechen

Auch dieses Hochzeitsspiel stellt eine wunderschöne Erinnerung für das Brautpaar dar und fordert die Kreativität der Gäste ein. Dabei muss nicht jeder Gast ein kleiner Picasso sein, denn gerade die Individualität prägt das Ergebnis.

Parallel zur Hochzeitsfeier, den ganzen Abend andauernd. Endet mit dem Überreichen der Leinwand an das Brautpaar. *Zeitbedarf*

Hochwertige Leinwand, Rahmen für die Leinwand, bunte Acryl-Farben, Pinsel, Schälchen oder Pappteller zum Mischen der Farben.
Komplettsets finden Sie unter www.spiele1.info/malen. *Material*

Die Leinwand wird mit Bleistift und Lineal in gleich große Quadrate eingeteilt. *Vorbereitung*

Für das Gemälde wird ein bestimmtes Motto ausgegeben, wie z. B. Blumen oder Herzen. Die Gäste bemalen nun nach Herzenslust jeweils eines der Felder nach ihren Vorstellungen. Der Kreativität ist hierbei weder bei der Farbe, beim Stil noch bei der Technik eine Grenze gesetzt. Hauptsache der Künstler verewigt sich individuell und mit all seiner Zuneigung für das Brautpaar. Denn ein Bild sagt mehr als tausend Worte. Wenn alle Gäste ihre kleinen Kunstwerke vollendet haben, kann das originelle Gästebuch dem überraschten Brautpaar überreicht werden. Sicherlich blieben den frisch Vermählten gewisse Aktivitäten in der Malecke nicht verborgen, zumal sich dort immer wieder Gäste tummeln und das Kunstwerk in seiner Entstehung beobachten. Das Ergebnis wird aber in jedem Fall eine große freudige Überraschung darstellen. *Durchführung*

Lassen Sie an einer Stelle der Leinwand ein paar Quadrate frei und schreiben Sie dort mit schöner geschwungener Schrift die Namen des Paares und den Hochzeitstermin. So wird das Gemälde noch persönlicher. *Tipp*

Weitere Informationen, Tipps, Videos, Anleitungen, Texte, Sprüche und Kauftipps:
unter
www.spiele1.info/malen

oder

5 Euro Gutschein gratis für dieses Hochzeitsspiel! siehe S. 10

Anleitung S. 10

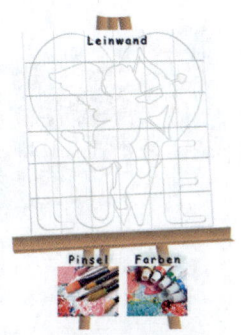

Holzmosaik mit Widmung
In jedem Gast steckt ein Künstler

Das Holzmosaik schafft eine persönliche Erinnerung an die Hochzeitsfeier und die Gästeschar. An den gestalteten Mosaikstückchen kann sich das Brautpaar lange erfreuen und hält ein einmaliges Kunstwerk in Händen.

Zeitbedarf Parallel zur Hochzeitsfeier, den ganzen Abend andauernd. Endet mit der feierlichen Übergabe des „Gästebuchs" an das Brautpaar.

Material Vorgefertigtes Holzmosaik mit Rahmen, bunte Acryl-Farben, Pinsel, Schälchen zum Mischen der Farben, Gläser mit Wasser für die Pinsel. Komplettsets inklusive verschiedener Motive unter www.spiele1.info/mosaik

Vorbereitung Wenn Sie im Vorfeld das benötigte Material besorgt haben, sind kaum noch weitere Vorbereitungen nötig. Richten Sie eine Malecke ein. Bunte Acryl-Farben und Pinsel, sowie Schälchen oder Pappteller zum Mischen der Farben und Wassergläser für die Pinsel werden auf dem Tisch aufgebaut.

Durchführung Der Initiator des Holzmosaik-Spiels fordert die Gäste an den einzelnen Tischen auf, im Laufe der Hochzeitsfeier einen Mosaikstein ganz individuell zu gestalten und einen Teil zum Entstehen dieses sehr persönlichen Geschenks beizutragen. In der Kreativecke wird sich bald immer wieder ein Teil der Gäste tummeln, die sich dort unterhalten oder auch einfach nur den Fortschritt des Gesamtkunstwerks verfolgen wollen. Wie die Gäste die einzelnen Steinchen bemalen, bleibt jedem überlassen. Der Kreativität ist dabei keine Grenze gesetzt. Der Unterschied zum herkömmlichen Holzmosaik besteht bei dieser Variante darin, dass in der Mitte eine Fläche vorgesehen ist, auf der die Namen des Brautpaars verewigt werden können, Platz für eine Widmung ist oder alle Gäste unterschreiben können. Sind alle Teile fertig bemalt, steht der Überreichung dieses persönlichen Hochzeitsgeschenkes nichts mehr im Wege..

Weitere Informationen, Tipps, Videos, Anleitungen, Texte, Sprüche und Kauftipps:
unter
www.spiele1.info/mosaik

oder

Anleitung S. 10

5 Euro Gutschein gratis für dieses Hochzeitsspiel! siehe S. 10

Bewegungsspiele

Kutscherspiel, Reise nach Jerusalem, Dreirad fahren:
Aktive Spiele fordern die Muskeln der Mitspieler, aber in noch
größerem Maße die Lachmuskeln der zusehenden
Hochzeitsgesellschaft, die die Kandidaten lautstark anfeuern.

Bräutigam-Füttern
Da bleibt kein Auge trocken – und auch der Rest des Gesichts nicht

Das Brautpaar muss beweisen, dass sie sich blind vertrauen. Dazu werden noch die Lachmuskeln der Zuschauer aufs Höchste strapaziert. Die Arme der Braut füttern den Bräutigam und da kann so einiges danebengehen…

Zeitbedarf Ca. 10 Minuten

Material Ein großes weißes Tuch, ein großer Kinderstrampelanzug, eine Kopfhaube, zwei Armstulpen, diverse Dinge wie Nahrungsmittel, Waschlappen und Zahnbürste. Komplettsets finden Sie unter www.spiele1.info/füttern

Vorbereitung Bei der Vorbereitung wird in das weiße Tuch ein rundes Loch geschnitten, durch das ein Kopf passen sollte. Unterhalb dieses Lochs wird nun der Strampelanzug aufgenäht. Rechts und links des Stramplers werden noch zwei Löcher für die Arme in das Tuch geschnitten.

Durchführung Der Bräutigam nimmt auf einem Stuhl hinter dem straff gespannten Tuch platz und steckt seinen Kopf durch. Zum Schutz seiner Haare und zur allgemeinen Belustigung bekommt er eine Haube aufgesetzt. Die Braut stellt sich hinter ihn. Sie steckt ihre Arme inkl. Stulpen durch die beiden seitlichen Löcher. Den Zuschauern bietet sich mit dem Riesenbaby mit dem Gesicht des Bräutigams ein urkomisches Bild. Jetzt wird der Bräutigam zu diversen Tätigkeiten aufgefordert, wie das Essen von Suppe oder Babybrei. Alles kein Problem, wenn die Arme, die diese Aufgaben bewältigen sollen, nicht seiner Gattin gehören würden. Da sie hinter dem Tuch nicht sieht, wo sich der Mund ihres Mannes befindet, geht vieles daneben. Filmen Sie das Spektakel, um eine lustige Erinnerung an die erste Teamarbeit der Eheleute zu bewahren.

Weitere Informationen, Tipps, Videos, Anleitungen, Texte, Sprüche und Kauftipps:
unter
www.spiele1.info/füttern

oder

Anleitung S. 10

5 Euro Gutschein gratis für dieses Hochzeitsspiel! siehe S. 10

Kutscherspiel
Ein Spiel, bei dem so mancher unter die Räder geraten kann

Hier ist Aktivität angsagt und es wird so mancher Müde wieder munter. Und dabei wird hier doch nur eine ganz gemütliche Kutschfahrt nachgespielt – die allerdings von den Teilnehmern eine gute Reaktion erfordert.

Ca. 15 Minuten **Zeitbedarf**

11 Stühle, Kutschergeschichte ausgedruckt zum Vorlesen **Material**
Komplettsets finden Sie unter www.spiele1.info/kutscher

Spielleiter, König und Königin (Brautpaar), insgesamt sieben Gäste für Kut- **Mitspieler**
scher, 2 Pferde, 4 Räder, den tiefen dunklen Wald mimen alle Gäste.

Der Spielleiter stellt die Stühle auf, wählt neben dem Brautpaar noch sieben **Vorbereitung**
weitere Hochzeitsgäste aus, platziert alle und erklärt die Regeln.

Das Brautpaar wird in diesem Spiel zum Königspaar. Nachdem alle auf den **Durchführung**
Stühlen Platz genommen haben, wird die Kutschergeschichte vorgelesen.
Jeder, dessen Name genannt wird, Pferde, Kutscher, König, Königin, Räder
oder tiefer dunkler Wald, muss aufstehen und einmal um seinen Stuhl laufen.
Wird die Kutsche erwähnt, müssen alle aufstehen und um ihre Stühle laufen.

Um das ganze Spiel etwas authentischer zu gestalten, sollte das passende **Tipp**
Equipment genutzt werden.

Z. B. könnten König und Königin winken, oder sich küssen. Der Kutscher **Variante**
könnte die Hacken zusammenschlagen, die Pferde wiehern und/oder mit den
Hufen scharren und die Räder sich drehen.

Hochzeitsdart
Pfeilschnell einen Gutschein abschießen

Beim Hochzeitsdart geht es darum, dass sich das Brautpaar mit geschicktem Abschießen der Dartpfeile ein paar zusätzliche Gutscheine für eine Einladung oder anderweitige Leistung erspielen kann.

Zeitbedarf Ca. 20 Minuten

Material 1 große Pinnwand aus Kork, Holz oder Styropor, 1 Luftballon pro Gast, eine Reißzwecke pro Luftballon, Zettel und Stifte für alle Gäste, Dartpfeile.

Vorbereitung Zu Beginn des Spiels wird jedem Gast ein Zettel und ein Stift gereicht, worauf dieser einen „Gutschein" für das Brautpaar erstellen soll: Ob Fußmassage, Autowaschen, Essenseinladung oder Gartenarbeit – der Kreativität sind keine Grenzen gesetzt. Jeder Gast rollt jetzt den Gutschein klein und steckt ihn in einen Luftballon. Dieser wird aufgeblasen, verknotet und mit einer Reißzwecke an der Pinnwand befestigt.

Durchführung Das Brautpaar erhält nun insgesamt sechs Dartpfeile ausgehändigt – drei die Braut und drei der Bräutigam. Mit den Pfeilen versuchen sie nun die Luftballons abzuschießen. Im Optimalfall kann das Hochzeitspaar so insgesamt sechs Gutscheine ergattern, die die dafür verantwortlichen Gäste innerhalb eines festzulegenden Zeitraums einlösen müssen.

Variante Wenn man möchte, kann man das Spiel auch so spielen, dass nur die ersten drei Pfeile Gutscheine für das Brautpaar abschießen. Mit den restlichen drei Pfeilen werden dann vom Hochzeitspaar Gutscheine ermittelt, die sie bei den jeweiligen Gästen ableisten müssen.

Weitere Informationen, Tipps, Videos, Anleitungen, Texte, Sprüche und Kauftipps:
unter
www.spiele1.info/dart

oder

5 Euro Gutschein gratis für dieses Hochzeitsspiel! siehe S. 10

Anleitung S. 10

Steinpyramide
Stein auf Stein

Beim Bau einer Steinpyramide ist ein hohes Maß an Geschicklichkeit sowie eine ruhige Hand für das Brautpaar besonders lukrativ.

Ca. 10 Minuten   *Zeitbedarf*

Karteikarten oder andere Karten in der Anzahl der Gäste, Stifte und flache *Material* Kieselsteine in der Anzahl der Gäste.

Die Gäste bekommen die Karten während der Feierlichkeit ausgeteilt und *Vorbereitung* schreiben eine nette Überraschung, einen Gutschein oder eine anderweitige Zuwendung für das Brautpaar auf die Karte, z. B. das Brautpaar zum Essen einladen, einen Kuchen für das Brautpaar backen, eine Wanderung.

Die Karten werden anschließend wieder eingesammelt und dem Brautpaar *Durchführung* verdeckt vorgelegt. Nun ist Geschicklichkeit und eine ruhige Hand gefragt, denn es geht darum, einen Turm mit den Karten und den Steinen zu bauen. Abwechselnd müssen von dem frisch gebackenen Ehepaar nun Karten und Steine aufeinander geschlichtet werden. Wenn der Turm zu wackeln beginnt und das Brautpaar „Stopp" sagt, bevor er einstürzt, dann gehören die bereits verbauten Karten dem Paar und die Gäste, die sich darauf verewigt haben, sind in der Pflicht, ihren Gutschein oder ihre Einladung einzulösen. Stürzt der Turm ein, bevor das Paar dem Tun Einhalt geboten hat, gehen die Karten an die Schreiber zurück und diese sind von der Einlösung entbunden. Das Brautpaar beginnt nun erneut mit den Karten zu bauen, die bisher noch nicht verwendet wurden. Insgesamt sollten jedoch nicht mehr als fünf Runden gespielt werden, auch wenn dann noch nicht alle Karten der Gäste Verwendung gefunden haben.

Statt mit Karten kann das Spiel auch mit kleinen Geldscheinen und flachen *Variante* Steinen gespielt werden.

Weitere Informationen, Tipps, Videos, Anleitungen, Texte, Sprüche und Kauftipps:
unter
www.spiele1.info/pyramide

oder

Anleitung S. 10

Dreiradrennen
Wie steht es denn um die Verkehrssicherheit?

An diesem Spiel haben vermutlich die Zuschauer die meiste Freude dran, wenn der Bräutigam ein äußerst ungewöhnliches Rennen absolviert.

Zeitbedarf   Ca. 10 Minuten

Material   Ein Dreirad, Eimer, Verkehrshütchen, größeres Spielzeug wie Bobby-Car etc., Schal zum Verbinden der Augen des Bräutigams

Durchführung   Dem Bräutigam werden die Augen verbunden und anschließend wird ein Hindernisparcours aufgebaut. Die Aufgabe des Bräutigams ist es, den Parcours mit verbundenen Augen zu bewältigen, unterstützt von Zurufen der Braut. Dabei wird natürlich auch gleich die Teamfähigkeit zwischen dem Hochzeitspaar auf die Probe gestellt. Hat er sein Ziel schließlich erreicht, wird er von der Braut mit einem Kuss für die Mühen entlohnt.

Ballon-Spiel
Der Beste zu sein, ist nicht immer das Beste

Das Ballon-Spiel bringt das Hochzeitspaar in Bewegung und birgt eine kleine Tücke, die auf keinen Fall zu Beginn verraten werden sollte.

Zeitbedarf   Ca. 15 Minuten

Material   15 noch nicht aufgeblasene Luftballons, 15 Zettel und Schreibstifte. Individualisierte Hochzeitsballons finden Sie unter www.spiele1.info/ballonspiel

Vorbereitung   Aus dünnem Papier werden 15 Karten erstellt und mit „hiermit verspreche ich..." beschriftet. Diese werden an 15 Gäste verteilt, mit der Bitte, ein Versprechen darauf zu notieren. Z. B. „Hiermit verspreche ich, niemals unseren Hochzeitstag zu vergessen" oder „hiermit verspreche ich, dir mindestens jede Woche einen freien Abend mit deinen Freunden zuzugestehen". Die ausgefüllten Karten werden gerollt und in Luftballone gesteckt.

Die Luftballons werden auf der Tanzfläche verteilt. Das Brautpaar erhält vom *Durchführung* Spielleiter die Anweisung, soviel Ballons wie möglich mit den Füßen zu zertreten, ohne dabei die Hände zu nutzen. Noch denkt das Hochzeitspaar, dass es sich um Überraschungen für sie handelt und ahnt nicht, dass hinter jedem erhaschten Zettel ein Versprechen lauert, dass der Partner selbst anschließend geben muss. Sind alle Luftballons geplatzt, darf das Brautpaar die Zettelchen auseinanderfalten und sich gegenseitig laut vor der Hochzeitsgesellschaft die Versprechen vorlesen.

Bananenrodeo
Wer den Größten hat, ist nicht immer der Beste

Das Bananenrodeo eignet sich ganz besonders dafür, Stimmung zu machen und den einen oder anderen Herrn außer Atem geraten zu lassen.

Ca. 10 Minuten *Zeitbedarf*

Verschiedene Bälle in allen Größen – Fußball, Tennisball, Golfball, Basketball *Material* etc. – Anzahl der Bälle entsprechend der Teilnehmerzahl, Klebeband, Paketschnur – ca. 2 Meter pro Teilnehmer, 1 Banane je Teilnehmer.

Auf der Tanzfläche wird eine Start- und eine Ziellinie mit Klebeband markiert *Vorbereitung* und so eine „Rennstrecke" abgesteckt.

Die Teilnehmer stellen sich an der Startlinie auf und wählen einen der bereit- *Durchführung* gelegten Bälle. Nachdem sich alle entschieden haben, erhält jeder Mitspieler etwa zwei Meter Schnur, die er sich um den Bauch binden soll. Ein Ende der Schnur muss vorne zwischen den Beinen bis auf den Boden reichen. Nun erhält jeder Teilnehmer eine Banane, die er so an der Schnur befestigen muss, dass sie frei über dem Boden pendeln kann. Endlich erhalten die Mitspieler nun die Spielanweisung: Mit Hilfe der pendelnden Banane muss der Ball vom Start, über die Tanzfläche, zur Ziellinie befördert werden. Ob dies einfach gelingt, hängt nicht nur von der Größe des gewählten Balls, sondern auch davon ab, wie der Spieler seine Banane befestigt hat.

Herausforderungen
Die ersten Hürden in der Ehe überwinden

Bei diesem Spiel ist das Brautpaar gefordert, kleinere Herausforderungen zu überwinden, die sich die Gäste überlegt haben.

Zeitbedarf   Kann sich über den ganzen Abend ziehen und wird immer mal wieder zwischendurch eingeflochten.

Material   Karteikarten in der Anzahl der Tische, Stifte.

Vorbereitung   keine

Durchführung   Jeder Tisch erhält eine Karteikarte, auf der sich die Gäste an dem Tisch gemeinsam eine Herausforderung für das Brautpaar überlegen soll. Dies kann sein, dass der Bräutigam der Braut ein Ständchen singen soll, dass das Brautpaar ein Gedicht aufsagen soll, dass die Braut mit dem jüngsten Gast und der Bräutigam mit dem ältesten Gast tanzt.... Das Brautpaar zieht nun immer wieder während der Hochzeitsfeier eine Karte und erfüllt anschließend die Herausforderung. Was die Gäste allerdings nicht wissen und nur der Spielleiter dem Brautpaar zugeflüstert hat, ist, dass das Brautpaar Aufgaben, die es nicht erfüllen kann oder will, auch an Gäste weitergeben kann. So nimmt das Spiel eine überraschende Wende und die Herausforderer werden das eine oder andere Mal selbst zum Opfer.

Wäscheklammer-Wettbewerb
Wo klemmt es denn?

Mit viel Fingerspitzengefühl gehen die Damen auf Entdeckungsreise an ihrem Partner. Dabei kommt man sich sehr zur Belustigung der gesamten Hochzeitsgesellschaft schnell näher.

Zeitbedarf   Ca. 10 Minuten

Material   12 Mini-Wäscheklammern und vier Schals zum Verbinden der Augen

Mitspieler   Das Brautpaar und drei weitere Paare aus der Hochzeitsgesellschaft

Vorbereitung   Keine

Das Brautpaar und drei weitere Paare nehmen teil. Den Damen werden **Durchführung**
die Augen verbunden. Die Gäste dürfen nun an jedem der Herren drei der
Mini-Wäscheklammern irgendwo am Körper oder an der Kleidung an einer
sichtbaren Stelle befestigen. In den Taschen oder unter der Kleidung sollten
die Klammern nicht verschwinden. Die Damen machen sich blind mit viel
Fingerspitzengefühl auf die Suche nach den Klammern. Dabei können sie
gerne von einem engagierten Publikum durch neutrale Zurufe unterstützt
werden. Je nachdem, wo nun die Suche die Hände der Damen hinführt, kann
es dabei zu delikaten Situationen, aber vor allem für die Zuschauer äußerst
lustigen Beobachtungen kommen. Gewonnen hat das Paar, wo die Partnerin
als erste fündig geworden ist und alle drei Wäscheklammern entdeckt hat.

Rennende Kellner
Hoffentlich bekommt hier jeder die Kurve

*Auch hierbei handelt es sich um ein Spiel, das vor allem den Zuschauern
ein großes Vergnügen bereitet und die Trinkfestigkeit vom Bräutigam sowie
seinen Mitstreitern auf die Probe stellt.*

Ca. 10 Minuten *Zeitbedarf*

Vier Tabletts mit einer größeren Anzahl an gefüllten Schnapsgläsern, Schnur *Material*
zur Festlegung der Start- und Ziellinie.

Auf der Tanzfläche wird mit Stühlen ein kleiner Parcours gestellt, den es für *Vorbereitung*
die vier Mitspieler gilt zu überwinden. Mit Hilfe einer Schnur werden eine
Start- und eine Ziellinie festgelegt. Im Vorfeld werden nun für die Tabletts
mit den gefüllten Schnapsgläsern bestückt.

Die vier Mitspieler bekommen nun an der Startlinie das Tablett mit dem *Durchführung*
Schnaps ausgehändigt und müssen dies auf der Hand jonglierend, möglichst
schnell durch den Parcours befördern. Hören Sie vom Spielleiter ein Klatschen, muss unverzüglich angehalten werden und ein Schnäpschen getrunken
werden. Beim nächsten Klatschen wird der Lauf fortgesetzt. Gewinner ist
derjenige, der die Ziellinie zuerst überquert. Der Schnaps, der sich noch in
den Gläsern auf dem Tablett befindet, wird nun großzügig an das Publikum,
das die Läufer mit Anfeuerungen unterstützt hatte, verteilt.

Blinde Schlange
Mit Antrieb von hinten

Dieses Spiel eignet sich besonders für Hochzeiten, die über den ganzen Tag hinweg stattfinden und bei der die Gäste auch die Möglichkeit haben, sich während des Nachmittags mal im Freien aufzuhalten. Damit wird die Stimmung aufrecht erhalten und es kommt so richtig Bewegung in die Hochzeitsgesellschaft.

Zeitbedarf   Ca. 10 Minuten

Material   Parcours, der mit gewissen Hindernissen, wie z. B. Eimer, Gartenstühle, Sonnenschirme erstellt wird, Tücher, um zehn Mitspieler die Augen zu verbinden, Schnur zur Festlegung der Start- und Ziellinie.

Durchführung   Nachdem die zwei Gruppen gebildet wurden, werden jeweils fünf Teilnehmer der Gruppe die Augen verbunden. Nur einer kann weiterhin etwas sehen. Auf der Freifläche wird mit den Hindernissen nun ein kleiner Parcours erstellt. Dabei muss aber unbedingt darauf geachtet werden, dass sich an den Hindernissen niemand verletzen kann. Mit Hilfe einer Schnur werden eine Start- und eine Ziellinie festgelegt. Die beiden Gruppen stellen sich nun so auf, dass sie eine Schlange bilden, sich gegenseitig an den Schultern fassen und der Sehende sich als letzter in der Schlange einreiht. Sobald der Spielleiter den Startschuss gibt, dirigiert der Schlangenletzte seine Vordermänner durch den Parcours, was bei so viel Blindheit gar nicht so einfach ist. Die Zuschauer können natürlich vom Spielfeldrand die Gruppen anfeuern und besonders lustig wird es, wenn sich noch mehr Teams bilden und gegeneinander antreten. Gewonnen hat natürlich das Team, das als erstes die Ziellinie erreicht.

Hochzeitsreise nach Jerusalem
Der Klassiker unter den Spielen

Nicht nur bei Hochzeiten zählt die Reise nach Jerusalem zu den beliebtesten Bewegungsspielen. Aber nach wie vor hat sie einen riesigen Unterhaltungswert, vor allem, wenn es nicht nur darum geht, einen leeren Stuhl zu ergattern, sondern auch noch vor gewisse Aufgaben gestellt wird.

Ca. 15 bis 20 Minuten   *Zeitbedarf*

12 Stühle, 13 Mitspieler und Musik – bei der abgewandelten Variante   *Material*
12 Verliererlose.

12 Stühle werden in zwei Stuhlreihen zu je sechs Stühle mit der Stuhllehne   *Vorbereitung*
gegeneinander auf der Tanzfläche aufgestellt, eine Liste mit Gegenständen,
die die Teilnehmer während des Spiels organisieren müssen, wird erstellt.
Wenn das Spiel mit Verliererlosen gespielt werden soll, müssen diese noch
vorbereitet und Aufgaben darauf notiert werden.

Der Spielleiter bittet das Brautpaar 12 Mitspieler zu bestimmen. Die Braut   *Durchführung*
wählt 6 männliche und der Bräutigam 6 weibliche Gäste aus. Den 13. Spieler
bestimmt der Spielleiter. Während die Musik spielt laufen alle Spieler um die
Stühle im Kreis. Nun nennt der Spielleiter eine Aufgabe und sofort danach
stoppt die Musik. Die Spieler müssen nun so schnell wie möglich versuchen
diese Aufgabe zu erfüllen und anschließend einen freien Stuhl zu ergattern.
Der Spieler dem die Erfüllung der Aufgabe nicht gelingt oder als letzter zu
den Stühlen zurückkehrt, scheidet aus. Danach entfernt man einen Stuhl und
das Spiel wird fortgesetzt bis ein Gewinner feststeht.

Beispiele für Aufgaben, die während des Spiels gelöst werden müssen, finden
Sie unter www.spiele1.info/jerusalem

Eine Abwandlung des Spiels ist, dass den Verlierern gewisse Aufgaben zuge-   *Tipp*
dacht werden, die sie im Laufe des Jahres für das Brautpaar erledigen müssen.
Jeder Mitspieler erhält beim Ausscheiden ein Verliererlos überreicht, worauf
die Aufgabe und der Zeitraum, wann diese erfüllt werden muss, notiert sind.

Reise nach Jerusalem mit Luftballon
Ein Paar wird am Ende der Gewinner sein

Eine Variante, die gerade bei Hochzeiten viel Spaß bringt, weil sie mit Tanzen verbunden werden kann, ist es, die Stühle gegen Luftballons auszutauschen.

Zeitbedarf Ca. 15 bis 20 Minuten

Material 12 Luftballons, Helium-Gasflasche, Ballonschnüre, 12 Zettel mit Aufgaben. Komplettsets finden Sie unter www.spiele1.info/jerusalem.

Vorbereitung Die 12 Luftballone müssen mit Helium-Gas befüllt werden. Die Aufgaben werden zuvor auf kleine Zettel geschrieben und in die Luftballons gesteckt oder an der Schnur befestigt. Die Gäste sollen die Ballons an der Schnur erreichen können, wenn der Luftballon an der Decke hängt.

Durchführung 13 Tanzpaare werden auf die Tanzfläche gebeten. Finden sich nicht so viele freiwillige Paare, wählt das Brautpaar aus. Nun beginnt die Musik zu spielen und die Spieler tanzen dazu. In dem Moment, in dem die Musik stoppt, versuchen alle Paare nach einem an der Decke hängenden Ballon zu greifen. Ein Paar geht dabei leer aus. Bevor es ausscheidet, wählt es einen der Ballons seiner Mitspieler aus. Die darin oder daran befestigte Aufgabe muss das Spielerpaar laut vorlesen und darf sich dann wieder im Publikum setzen. Die restlichen Ballons werden wieder losgelassen und steigen erneut an die Saaldecke auf. Nach und Nach werden es immer weniger Ballons bis ein Gewinnerpaar feststeht, das mit kräftigem Applaus von der Tanzfläche verabschiedet wird. Das Spiel schafft nicht nur Bewegung und füllt die Tanzfläche, sondern verursacht auch jede Menge an Spaß, wenn die Paare um die Luftballons wetteifern oder anschließend ihre Aufgaben verlesen, die sie innerhalb eines bestimmten Zeitraums erfüllen müssen.

Tanzspiele

Brautwalzer, Schleiertanz, Schlüsseltanz:
Tanzspiele füllen die Tanzfläche, fördern spielerisch
das Kennenlernen, brechen das Eis und sorgen
für eine ausgelassene Stimmung.

Schlüsseltanz mit Truhe
Das Brautpaar auf Schatzsuche

Ein Geldgeschenk in einer Schatztruhe zu überreichen ist eine hübsche Idee. Allerdings ist die Truhe verschlossen und die Schlüssel dazu sind unter den Gästen verteilt. Das Brautpaar kann sich nun die Schlüssel ertanzen. Das Spiel ist ein Garant für eine immer gut gefüllte Tanzfläche.

Zeitbedarf Den gesamten Abend

Material Eine Schatztruhe, die mit einem Geldgeschenk oder einem Gutschein befüllt ist, eine massive Kette und drei Schlösser mit Schlüssel.

Vorbereitung Legen Sie das Geld oder den Gutschein, das Sie dem Brautpaar schenken möchten, einfach in die kleine Schatzkiste. Dann umwickeln Sie die Truhe mehrfach mit einer massiven Kette. Am Ende sichern Sie die Kette mit drei Schlössern. Nun kann niemand mehr so leicht an das Geschenk. Auch das Brautpaar nicht. Die Schlüssel für die Schlösser verteilt man frühzeitig am Anfang der Hochzeit unter den Gästen.
Komplettsets finden Sie unter www.spiele1.info/schlüssel

Durchführung Bei der Übergabe der Schatztruhe wird dem Brautpaar verraten, dass sich die Schlüssel für die Schlösser bei drei der Hochzeitsgäste befinden. Das Brautpaar muss um einen Schlüssel zu erhalten, zuvor mit dem Gast tanzen und darf nach dem Tanz um den Schlüssel bitten. Sollte er in seinem Besitz sein, muss er ihn an das Brautpaar herausgeben. Hat er keinen Schlüssel muss das Brautpaar suchend weitertanzen.
Mit diesem Hochzeitsspiel kommen viele der Gäste in den Genuss mit dem Brautpaar zu tanzen und auch für ausreichend Bewegung ist in jedem Fall gesorgt. Sobald alle Schlüssel im Besitz des Hochzeitspaares sind, darf es die Schatztruhe nun gemeinsam öffnen und das Geschenk in der Holztruhe in Empfang nehmen.

Weitere Informationen, Tipps, Videos, Anleitungen, Texte, Sprüche und Kauftipps:
unter
www.spiele1.info/schlüssel

oder

Anleitung S. 10

5 Euro
Gutschein gratis für
dieses Hochzeitsspiel!
siehe S. 10

Regenschirmtanz
Endlich unter die Haube gekommen

Beim Regenschirmtanz kann jeder Gast mitmachen. Es ist eine kurze, eher symbolische Einlage, die neben Spaß auch für ein wenig Bewegung sorgt und Schwung in die Feier bringt. Das Brautpaar tanzt unter einem Schirm, der während des Tanzes von den Gästen mit Luftschlangen zu einer bunten Haube gestaltet wird.

Eine Tanzlänge   *Zeitbedarf*

Ein großer Regenschirm, doppelseitiges Klebeband, Luftschlangen.   *Material*
Komplettsets finden Sie unter www.spiele1.info/schirm

Die Stoffbespannung des Schirms wird mit doppelseitigen Klebebändern   *Vorbereitung*
präpariert, wobei die Schutzfolie der oberen Seite erst direkt vor dem Spiel
abgezogen wird. Außerdem erhält jeder Gast eine ausreichende Menge an
Luftschlagen in die Hand gedrückt.

Das frisch getraute Paar wird nun auf die Tanzfläche gebeten. Die Hochzeits- *Durchführung*
gäste bilden einen großen Kreis um das Hochzeitspaar. Sobald die Musik
anfängt zu spielen, beginnt das Brautpaar langsam mit dem aufgespannten
Hochzeitsschirm in der Hand zu tanzen. Nun werfen sich die Gäste im hohen
Bogen über den Regenschirm die bunten Luftschlangen zu. Die Luftschlangen
blieben dabei auf dem Regenschirm hängen. Das Spiel wird so lange durchgeführt bis das gespielte Lied zu Ende ist. Auf dem Regenschirm hat sich
nun im Laufe des Tanzes eine bunte Haube gebildet, die auch symbolisch als
schützendes Dach für das Brautpaar gilt.

Statt der Luftschlangen können auch kleine bunte Wollknäuel verwendet   *Tipp*
werden, die sich die im Kreis stehenden Gäste zuwerfen.

**Weitere Informationen, Tipps,
Videos, Anleitungen, Texte,
Sprüche und Kauftipps:**
unter
www.spiele1.info/schirm

oder

5 Euro
Gutschein gratis für
dieses Hochzeitsspiel!
siehe S. 10

Anleitung S. 10

Hochzeitswalzer
Ich tanze mit dir in den Himmel hinein

Den Beginn fast einer jeden Hochzeitsfeier bildet der traditionelle Braut-oder Hochzeitswalzer. Kritisch beobachtet von Verwandtschaft und Freunden tanzt das frisch vermählte Paar in den siebten Himmel der Liebe.

Zeitbedarf Eine Tanzlänge

Durchführung Der erste Tanz bei einer Hochzeitsfeier gehört traditionell dem Brautpaar. In der Regel wird dafür ein Walzer gewählt. Nach dem Ende des Brautwalzers werden die Eltern des Brautpaares auf die Tanzfläche gebeten und sie schließen sich dem Hochzeitspaar beim Tanzen an. Noch während des Liedes stoßen auch die Trauzeugen dazu. Danach ist der Tanz für die gesamte Hochzeitsgesellschaft eröffnet.

Tipp So manches Brautpaar hat vor dem Brautwalzer die meiste Angst, deshalb sollte das Tanzen rechtzeitig vor der Feier geübt werden. Neben den Tanzschritten ist auch das passende Lied sehr wichtig. Traditionell eröffnet man die Tanzfläche mit einem „Wiener Walzer". Wer damit Schwierigkeiten hat, kann natürlich auch auf den „Langsamen Walzer" zurückgreifen. Wer noch ein bisschen Unterstützung im Vorfeld benötigt, findet in jeder Tanzschule ein vielfältiges Angebot an Tanzkursen für Heiratswillige.

Hochzeitstanz mal anders
Alles Walzer oder nicht?

Traditionellerweise beginnt der Tanz bei einer Hochzeit mit einem Brautwalzer, in den dann die Eltern des Paares und die Trauzeugen, sowie später die gesamte Hochzeitsgesellschaft mit einsteigt. Nicht jedem Brautpaar liegt jedoch das Walzertanzen oder aber es verfügt über viel mehr tänzerisches Können, das es an ihrem schönsten Tag auch vor Publikum zum Besten geben möchte.

Zeitbedarf Je nach Choreografie eine bis mehrere Tanzlängen.

Vorbereitung Eine längere Vorbereitungszeit ist für das Erstellen und Einstudieren der Choreographie je nach Talent des Brautpaars nötig. Die Musik muss zusammengestellt werden und vor der Hochzeit an die Band oder DJ übermittelt werden.

Nicht jeder wählt aber für den Eröffnungstanz die traditionelle Variante. Dem *Durchführung* einen ist der Walzer zu schwierig, dem anderen zu langweilig und die dritten sind solche Tanzprofis, dass sie gerne ihrem Publikum mehr von ihrem Können zeigen wollen und ausdrucksstärkere Eröffnungstänze wählen. Immer häufiger begeistert das Brautpaar auch durch eine eigene Choreografie, die durch verschiedene Tanzstile und Musikrichtungen führt und entweder nur vom Brautpaar oder auch gemeinsam mit den Trauzeugen oder anderen Freunden zusammengestellt wurde. Der Beifall der Hochzeitsgesellschaft kann den Akteuren in diesem Fall sicher sein. Gerade wenn das Paar begeisterte Tänzer sind, ist es ihre Bühne, die an ihrem schönsten Tag auf sie wartet. Beispiele und Videos finden Sie auch unter www.spiele1.info/eröffnungstanz

Abklatschtanz
Hier kann sich kein Tanzmuffel mehr drücken

Dieses Tanzspiel eignet sich vor allem dann, wenn innerhalb kürzester Zeit alle Gäste auf die Tanzfläche gebracht werden sollen und die Stimmung so richtig angeheizt werden soll.

Mehrere Tanzlängen   *Zeitbedarf*

Musikauswahl muss getroffen werden mit besonders schnellen Musikstücken. *Vorbereitung*

Zu Beginn des Spiels müssen der DJ oder die Band, sowie das Brautpaar und *Durchführung* die Trauzeugen kurz vom Organisator instruiert werden. Das Brautpaar und die Trauzeugen tanzen zum ersten Lied. Dann unterbricht die Musik und in dieser kurzen Pause holen sich das Hochzeitspaar und die Trauzeugen neue Tanzpartner aus der Gästeschar. Nach geraumer Zeit verstummt die Musik wieder und erneut schwärmen alle Tanzenden aus, um sich aus dem Publikum neue Partner zu organisieren. Schon nach kürzester Zeit befindet sich nun die gesamte Hochzeitsgesellschaft auf der Tanzfläche.

Dieses Tanzspiel eignet sich vor allem, wenn sich zu Beginn der Tanzmusik *Tipp* nur wenige Gäste auf die Tanzfläche trauen und noch ein wenig Animation benötigen.

Schleiertanz
Wer wird die nächste Braut?

Beim Schleiertanz handelt es sich um eine Tradition am Ende der Hochzeitsfeier, bei der die nächste Braut ermittelt wird. Als Siegerin geht die Dame hervor, die das größte Stück des Brautschleiers ergattern konnte.

Zeitbedarf Eine Tanzlänge

Material Ein Stück weißer Tüll in der Größe eines Brautschleiers.

Durchführung Um Mitternacht am Ende des Hochzeitstags tritt das Brautpaar noch einmal auf die Tanzfläche und beginnt seinen letzten Tanz. Dazu gesellen sich alle unverheirateten Paare. Symbolisch halten die Frauen den Schleier über das Paar. Ist das Lied zu Ende, dürfen nun die weiblichen unverheirateten Gäste den Schleier zerreißen. Als Siegerin gilt diejenige, welche das größte Stück des Schleiers ergattert hat. Sie gilt als die nächste Braut.

Tipp In der alten Tradition wird bei diesem Spiel der richtige Brautschleier zerrissen. Da einige Bräute ihren Schleier jedoch nicht dafür hergeben wollen oder gar keinen haben, gilt der weiße Tüll als Ersatz.

Schleiertanz mit Abklatschen
Die letzte Chance für ein Tänzchen

Beim Schleiertanz mit Abklatschen kommen endlich auch diejenigen auf ihre Kosten, die den ganzen Abend noch nicht die Chance hatten, mit dem Brautpaar zu tanzen. Aber dafür muss erst mal ordentlich bezahlt werden.

Zeitbedarf Eine Tanzlänge

Material Ein Stück weißer Tüll in der Größe eines Brautschleiers.

Durchführung Wie schon beim einfachen Schleiertanz wird das Paar um Mitternacht, am Ende der Hochzeitsfeier noch einmal auf die Tanzfläche gebeten. Alle anderen Hochzeitsgäste gesellen sich dazu und spannen den Schleier über das Brautpaar. Das Hochzeitspaar darf nun unter dem Schleier das Tanzbein schwingen. Jeder Hochzeitsgast, der mit Braut oder Bräutigam tanzen möchte, muss vor dem „Abklatschen" einen Obolus in den Schleier werfen.

Wenn hier nochmal ein Geldgeschenk für das Brautpaar zusammenkommen *Tipp* soll, kann der Tanz noch über seine ursprüngliche Länge verlängert werden.

Ballontanz
Tanzen bis die Luft raus ist

Spiele zur Hochzeit sollen vor allem Stimmung in die Hochzeitsgesellschaft bringen. Der Ballontanz ist ein Garant dafür: Einfach zu realisieren und jede Menge Spaß für die ganze Hochzeitsgesellschaft. Jedes Tanzpaar, das sich auf dem Parkett befindet, erhält einen aufgeblasenen Luftballon und schon geht es los.

Etwa 10 Minuten – mindestens drei Tänze in Folge. *Zeitbedarf*

Eine größere Anzahl an aufgeblasenen Luftballons. *Material*

Bevor es losgehen kann, müssen lediglich die Ballons aufgeblasen werden *Vorbereitung* und die Musikstücke für den Tanz festgelegt werden.

Die Tanzpaare bekommen jeweils einen Luftballon überreicht. In der ersten *Durchführung* Runde müssen die Paare den Ballon zwischen den Köpfen halten. Die Musik beginnt langsam und steigert sich. Je heißer die Rhythmen werden, umso schwieriger wird es für die Tanzenden, den Ballon zu halten. Wer den Ballon verliert, der scheidet aus. Da die Musik nie stoppt und übergangslos in andere Takte und Tänze wechselt, werden vom DJ oder Bandleader die entsprechenden Anweisungen gegeben. In der nächsten Runde muss der Ballon zwischen den Oberkörpern gehalten werden. Anschließend wird gewechselt und es wird Hintern an Hintern und danach Hüfte an Hüfte seitlich getanzt – immer mit dem Ballon dazwischen. Das Paar, das am meisten Geschick und Engagement beweist und als letztes noch den Ballon zwischen sich hält, hat gewonnen.

Wer es der Hochzeitsgesellschaft noch ein wenig schwerer machen will, der *Tipp* nimmt statt einem Luftballon eine Orange.

Weitere Informationen, Tipps, Videos, Anleitungen, Texte, Sprüche und Kauftipps:
unter
www.spiele1.info/ballontanz

oder

Anleitung S. 10

Polonaisejagd
Jetzt hält es auch Tanzmuffel nicht mehr auf ihren Stühlen

Ein Tanzspiel, das zu späterer Stunde die gesamte Hochzeitsgesellschaft nochmal richtig in Schwung bringt und selbst tanzfaule Gäste auf die Tanzfläche bringt.

Zeitbedarf Eine Tanzlänge – oder je nach Wunsch auch zwei Tanzrunden

Vorbereitung Musikauswahl muss getroffen werden mit den klassischen Polonaiseliedern, die häufig regional sehr unterschiedlich sind.

Durchführung Wie die Polonaise funktioniert sollte bekannt sein: Alle Gäste der Hochzeit stellen sich in einer Schlange auf und jeder legt dem Vordermann die Hände auf die Schultern oder um die Hüften. Bei der Polonaisejagd muss der Bräutigam an den Anfang der Schlange und die Braut ans Ende. Der DJ oder die Band spielen ein flottes Musikstück und dabei setzt sich die Schlange in Bewegung. Der Bräutigam hat nun die Aufgabe, so schnell es eben geht, das Ende der Polonaise zu erreichen und somit seine Braut zu fangen. Hat er diese Aufgabe geschafft, ist die Polonaise zu Ende oder es kann der Spieß umgedreht werden und in der zweiten Runde erhascht die Braut ihren Bräutigam. Sollten noch einige Gäste auf den Stühlen sitzen, können sie einfach während die Polonaise läuft, mit sanfter Gewalt in die Schlange eingereiht werden.

Tipp Die Polonaisejagd kommt besonders zu späterer Stunde gut an, wenn die Hochzeitsgesellschaft schon das eine oder andere Glas getrunken hat.

Flossentanz
Hemmungslosigkeit wird belohnt

Es gibt lustige Hochzeitsspiele, die eine Herausforderung an die Geschicklichkeit und Koordination darstellen und manche vereinen dies noch mit einer gehörigen Portion Mut und Hemmungslosigkeit zur bizarren Selbstdarstellung.

Etwa 10 Minuten – bis alle Paare vorgetanzt haben   *Zeitbedarf*

Mehrere Paare Schwimmflossen in verschiedenen Größen.   *Material*
Schwimmflossen und weiteres Zubehör finden Sie unter www.spiele1.info/flosse

Musikauswahl muss getroffen werden – möglichst schnelle Rhythmen,   *Vorbereitung*
Gassenhauer oder besondere Tänze, wie Tango, Rock´n Roll etc.

Tanzfreudige Paare werden auf die Tanzfläche gebeten. Jeweils zwei Spieler zie-   *Durchführung*
hen sich vor Beginn des Spiels die Schwimmflossen über und tanzen nun miteinander. Jedes Paar muss mit den unhandlichen Flossen an den Füßen seine Tanzkünste unter Beweis stellen. Gefragt ist bei der Wahl der Tanzschritte des Flossentanzes nicht nur Kreativität, sondern auch eine gewisse Hemmungslosigkeit. Der Spaßfaktor, aber auch die Skurrilität der Darstellung können durch die zuvor getroffene Musikauswahl deutlich gesteigert werden. Je schneller die Musik ist, umso schwieriger wird die Koordination der Füße. Dabei geht es aber nicht nur darum, die Hochzeitsgesellschaft zu amüsieren, sondern durchaus auch darum, möglichst gute und kreative Tanzschritte aufs Parkett zu legen. Sieger beim Flossentanz ist das Paar, das mit seiner Tanzkür die Gesellschaft am meisten begeistern konnte. Wer möchte, kann die Zuschauer dazu auffordern, Bewertungen abzugeben.

Der Flossentanz kommt besonders zu späterer Stunde gut an, wenn sich die   *Tipp*
Hochzeitsgesellschaft bereits eingetanzt hat und das eine oder andere Glas getrunken wurde.

Weitere Informationen, Tipps, Videos, Anleitungen, Texte, Sprüche und Kauftipps: **oder**
unter
www.spiele1.info/flosse

Anleitung S. 10

Tütentanz
Ich sehe was, was du nicht siehst

Bei diesem Tanzspiel können sich vor allem die männlichen Hochzeitsgäste ausdrucksstark in Szene setzen und mit einer beeindruckenden Performance vor der Hochzeitsgesellschaft glänzen.

Zeitbedarf Ca. 5 Minuten

Material Große Papiertüten in der Anzahl der Mitspieler, ein dicker Filzstift. Papiertüten und weiteres Zubehör finden Sie unter www.spiele1.info/tüte

Vorbereitung Musikauswahl muss getroffen werden mit stimmungsmachenden Songs, aus denen ein Medley zusammengestellt werden sollte. Die Papiertüten werden durchnummeriert und die Zahl mit Filzstift groß und deutlich darauf geschrieben.

Durchführung Der Organisator des Spiels bittet nun den Bräutigam, den Trauzeugen und noch weitere sehr gute männliche Freunde des Brautpaars und Verwandte auf die Tanzfläche. Jeder der Herren bekommt eine Papiertüte über den Kopf gestülpt und ist damit blind. Nun beginnt die Musik zu spielen und die Herren bieten nach und nach eine Darbietung ihrer Tanztalente. Je nachdem, wie treffend die Musikauswahl ist, kann dies zu fast enthemmten Tanzeinlagen führen mit einer teilweise professionellen Performance, da die Tüten vermeintlich das Gefühl vermitteln, von der Konkurrenz nicht beobachtet werden zu können. So mancher gibt bei diesem Tanz- und Kennenlernspiel alles…

Tipp Bei den Tüten muss es sich um große Papier-Einkaufstüten handeln, die leicht über den Kopf gestülpt werden können und auf den Schultern aufliegen. Auf keinen Fall darf hier Plastik verwendet werden!

Weitere Informationen, Tipps, Videos, Anleitungen, Texte, Sprüche und Kauftipps:
unter
www.spiele1.info/tüte

oder

Anleitung S. 10

Kommandotanz
Hoffentlich wird das kein heilloses Durcheinander

Der Kommandotanz bringt richtig Bewegung auf die Tanzfläche und fordert sogar Konzentration.

Ca. 10 Minuten   *Zeitbedarf*

Keine   *Vorbereitung*

Der Spielleiter bittet etwa acht bis zehn bewegungsfreudige Paare auf die *Durchführung*
Tanzfläche, die sich in zwei Reihen gegenüber stehen. In der einen Reihe
sind die Männer und in der anderen Reihe die Frauen aufgestellt. Die Reihen
sollten etwa fünf Meter Abstand zu einander haben. Nun erhalten die Paare
die Information, dass sie immer dann, wenn der Spielleiter einen bestimmten
Namen ruft, eine Aktion durchführen müssen. Z. B. ruft er den Vornamen
der Braut, müssen sich die Paare entgegenlaufen und sich küssen, ruft er den
Vornamen der Schwiegermutter, rennt der Mann davon und seine Partnerin
muss ihn fangen. Ruft er den Vornamen der Trauzeugin, müssen die Herren
auf einem Bein knien und die Damen laufen zu ihnen und setzen sich drauf.
Wird ein anderer, vorher festgelegter Frauenname gerufen, tanz das Paar ein
paar Umdrehungen miteinander. Bis zu sechs verschiedene Aufgaben können
hier mit Zuordnung des entsprechenden Namens eingebaut werden, ohne das
Spiel zu kompliziert zu machen. Witzige Verwirrung kann der Organisator
dadurch stiften, dass er plötzlich einen Namen einstreut, dem gar keine Aktion
zugeordnet ist. Das Paar, das falsch reagiert oder als letztes den Anweisungen
folgt, scheidet aus.

Name der Braut – Küssen   *Aktionen*
Name der Schwiegermutter – Er läuft weg, sie fängt ihn
Name der Trauzeugin – er kniet, sie setzt sich auf das Knie
Weiterer Frauenname – tanzen
Weiterer Frauenname – Rücken an Rücken tanzen
Weiterer Frauenname – sich kurz auf einen Stuhl setzen

Alte Liebe rostet nicht
Tanzparade für Ehepaare

Bei diesem Tanzspiel geht es mal nicht um das Brautpaar, sondern um die anderen verheirateten Paare. Beim gemeinsamen Tanzen wird das Brautpaar herausgefunden, welches am längsten von allen Paaren verheiratet ist.

Zeitbedarf Ca. 10 Minuten

Material Blumen, Gutschein oder Sekt als Prämie für die Gewinner

Vorbereitung Musikauswahl mit romantischen Liedern.

Durchführung Bitten Sie alle verheirateten Paare auf die Tanzfläche, inklusive dem Brautpaar. Die Band oder der DJ spielen ein romantisches Lied und alle Pärchen beginnen zu tanzen. Nach ein paar Sekunden kommt die erste Durchsage, in der die Paare, die weniger als 12 Stunden verheiratet sind, gebeten werden, die Tanzfläche zu verlassen und sich an den Rand der Tanzfläche zu begeben. Nach ein paar Augenblicken kommt die nächste Ansage und die Brautpaare die weniger als 1 Jahr verheiratet sind sollten nun die Tanzfläche verlassen. Wie Sie die Einstufung der Jahre vornehmen bleibt Ihnen überlassen und hängt auch von der Zusammensetzung der Hochzeitsgesellschaft ab. Wenn nur noch wenige Paare übrig sind, zählen Sie in einzelnen Jahren weiter. Auf dieses Art und Weise bleibt am Ende das Brautpaar übrig, das am längsten verheiratet ist. Es bekommt nicht nur einen riesigen Applaus, sondern auch ein kleines Geschenk oder ein Glas Sekt überreicht. Das Gewinnerpaar wird nun noch nach dem Geheimnis einer lang anhaltenden Ehe gefragt und kann dem frisch verheirateten Brautpaar in dem Interview einige Tipps mit auf den Weg ins Eheleben geben.

Möhrchentanz
Was zum Knabbern

Auch beim Möhrentanz geht es ein wenig um Geschicklichkeit, aber auch darum sich ganz langsam näher zu kommen. Und das beschränkt sich in diesem Fall nicht nur auf das Tanzen.

Eine Tanzlänge   *Zeitbedarf*

Geschälte Möhren in ungefähr gleicher Größe, halb so viele Möhren, wie   *Material*
Gäste anwesend sind.

Die Möhren sollten im Vorfeld geputzt und geschält werden.   *Vorbereitung*

Jedes Tanzpaar hat eine Möhre im Mund, jeder der beiden ein Ende. Nun wird   *Durchführung*
zur Musik getanzt und immer wenn die Musik stoppt, müssen die Tanzenden
von ihrem Ende der Möhre ein Stück abbeißen. Ganz langsam kommt sich das
Paar dabei näher. Wer als erstes die Möhre aufgegessen hat, gewinnt das Spiel.

Die Paare, die am Möhrentanz teilnehmen, sollten sich gut kennen, da sie sich   *Tipps*
am Ende doch sehr nah kommen und dies unter Fremden eher unangenehm
werden könnte.
Es können auch Schokoladenriegel oder Salzstangen genutzt werden.

Rücken an Rücken
Auch ein schöner Rücken kann entzücken

Dieses Tanzspiel bietet vor allem Bewegung, tolle Foto- und Videomotive und jede Menge Belustigung der Teilnehmer und der Zuschauer.

Zeitbedarf   Eine Tanzlänge oder die Länge eines zusammengestellten Musikstücks.

Mitspieler   Das Brautpaar und jede Menge weitere Tanzpaare.

Vorbereitung   Besonders witzig wird die Tanzeinlage, wenn zu einem eigens für das Spiel zusammengestellten Musikmedley getanzt wird. Dabei können sehr schnelle Songs, besonders exotische Lieder oder aber auch extrem langsame Stücke verwendet werden, die optimaler Weise auch noch in irgendeinen Zusammenhang zum Brautpaar stehen oder zu deren Lieblingsliedern zählen.

Durchführung   Das Brautpaar und die anderen Tanzpaare stehen Rücken an Rücken auf der Tanzfläche. Wenn nun die Musik zu spielen beginnt, tanzt das Brautpaar ausdrucksstark zu den ausgewählten Liedern. Alle anderen Paare imitieren die Bewegungen, sodass alle Damen der Braut nachtanzen und alle Männer den Bräutigam nachahmen. Dabei kommt nicht nur sehr viel Bewegung in die Hochzeitsgesellschaft, sondern die Foto- und Videomotive, die dieser Rücken-an-Rücken-Tanz bietet, strapazieren auch die Lachmuskeln aller Mitmachenden sowie der passiven Zuschauer am Rand der Tanzfläche.

Ratespiele

Ehequiz, Wadenraten, Verköstigungen, Babyfotos:
Ratespiele lassen alle Hochzeitsgäste mitraten, mitmachen,
mitfiebern oder einfach nur mitlachen.

Sternzeichen
Sterne lügen nicht

Bei diesem Spiel lässt sich die Glaubwürdigkeit von Sternzeichen ganz leicht feststellen und außerdem sind gewisse Selbsteinschätzungen eine lustige Gesprächsgrundlage auf einer Hochzeit.

Zeitbedarf   Während der gesamten Hochzeitsfeierlichkeit

Material   Leinwand in länglicher Form, Stifte, Karten von allen Sternzeichen, Pinnadeln, Vorlage von Charaktereigenschaften der Sternzeichen. Zubehör und Sets finden Sie unter www.spiele1.info/sternzeichen

Vorbereitung   Die Leinwand wird in 12 gleiche Spalten aufgeteilt. Im oberen Teil der Spalte werden nun mit einem kräftigen Stift in schöner Schrift die Charaktereigenschaften der einzelnen Sternbilder notiert. Wichtig ist, dass diese durcheinander aufgelistet werden und nicht ihre monatliche Reihenfolge beibehalten wird.

Durchführung   Die Leinwand wird an einer gut zugänglichen Stelle ausgehangen. Die Gäste sollen sich in der Spalte eintragen, wo sie sich am ehesten in der Beschreibung wiederfinden und denken, es würde sich um ihr Sternzeichen handeln. Erfahrungsgemäß beginnt nun unter Gästen, die wissen, dass sie im gleichen Sternzeichen geboren sind, eine lustige Diskussion, die während des gesamten Festes immer wieder Gesprächsgrundlage bietet. Haben alle Gäste ihren Namen in einer der Spalten eingetragen, wird das Spiel aufgelöst und die Karten mit den Sternzeichen gut sichtbar an die entsprechende Spalte gepinnt. Nun werden die Namen in den Spalten vorgelesen und die Gäste gebeten aufzustehen, die sich dort eingetragen hatten. All diejenigen, die allerdings unter einem anderen Sternzeichen geboren wurden, dürfen sich gleich wieder setzen. Wer stehen bleibt, hat sich wohl richtig eingeschätzt und bekommt einen kräftigen Applaus.

Weitere Informationen, Tipps, Videos, Anleitungen, Texte, Sprüche und Kauftipps:
unter
www.spiele1.info/sternzeichen

oder

Anleitung S. 10

Getränkeverkostung
Nichts ist so wie es scheint

Um sich auf näher kennenzulernen ist eine Verkostung eine lustige Möglichkeit. Allerdings keine Verkostung im herkömmlichen Sinne, sondern selbstverständlich mit Hürden und Anforderungen an den Teamgeist.

Ca. 20 Minuten **Zeitbedarf**

Pro Tisch ein Gläserset. Die Gläser sollten gleich sein, nach Möglichkeit **Material** schwarz und werden durchnummeriert mit einem Aufkleber.
Sets finden Sie im Internet unter www.spiele1.info/verkostung

Sie sollten für jeden Tisch ein Tischset vorbereiten. Jedes Set besteht aus **Vorbereitung** Schnapsgläsern, die idealerweise schwarz sind, so dass nicht erkannt werden kann, welches Getränk sich darin verbirgt. Die Gläser sollten tischweise bereits vorbereitet sein und pro Tisch mit den gleichen Getränken befüllt werden. Außerdem sind die Gläser mit Nummern versehen. Auf jedem Tisch ist im Glas Nr. 1 die gleiche Flüssigkeit sowie im Glas 2, 3 usw.

Die Sets werden tischweise verteilt. Jetzt versuchen die Gäste herauszufin- **Durchführung** den, welches Getränk sich in den Gläsern befindet und notieren sich ihren Vorschlag. Auch wenn diese Aufgabe so einfach scheint, so stellt sich doch heraus, dass es gar nicht so leicht ist, ohne Sicht festzustellen, was man gerade trinkt. Wenn das Auge nicht mitmachen darf, dann spielt der Geschmackssinn häufig verrückt. Besonders tückisch wird es natürlich, wenn man z. B. warmen Weißwein oder kalten Rotwein mit in das Spiel einbindet. Auch bei den Bieren ist es schwierig, sich festzulegen, wenn man im Glas keinen Durchblick hat. Der Spielleiter frägt am Ende die Ergebnisse ab. Gewonnen hat natürlich das Team, das die höchste Trefferquote hat.

In Ermangelung von schwarzen Gläsern, kann man einem Mitspieler am **Variante** Tisch, der von der Gruppe gewählt wurde, auch die Augen verbinden.

Es besteht auch die Möglichkeit, dieses Spiel mit Gewürzen durchzuführen und die Gäste an den verschiedenen Gewürzen, die nicht sichtbar in Behältern aufbewahrt werden, riechen zu lassen.

Weitere Informationen, Tipps, Videos, Anleitungen, Texte, Sprüche und Kauftipps: **oder**
unter
www.spiele1.info/verkostung

Anleitung S. 10

Wadenraten
Wer hat denn nun die Strammsten?

Hochzeitsspiele, in denen es zum Körperkontakt kommt, zählen immer zu den beliebtesten und sorgen für ausgelassene Stimmung. Dazu gehört auch das Wadenraten, bei dem die Braut mit verbundenen Augen unter großer Auswahl an strammen Waden, die ihres Bräutigams herausfinden muss.

Zeitbedarf   Ca. 10 bis 15 Minuten

Material   Tuch zum Verbinden der Augen der Braut.

Vorbereitung   Das Spiel erfordert keinerlei Vorbereitungszeit und kann nach der Ankündigung durch den Moderator der Feier sofort begonnen werden.

Durchführung   Die Braut verlässt den Saal und Bräutigam plus Teilnehmer begeben sich auf die Tanzfläche. Hier müssen sie sich nun der Schuhe und Strümpfe entledigen und sich etwas erhöht stellen. Um den Witz in dem Spiel zu erhöhen, kann man gerne auch männliche und weibliche Gäste mischen. Die Braut wird mit verbundenen Augen hereingeführt und muss unter all den Beinen die ihres Gatten finden. Dabei darf sie manche auch komplett ausschließen und andere mehrmals betasten. Die betasteten Mitspieler müssen sich die gesamte Zeit über natürlich ruhig verhalten, um sich nicht zu verraten. Das Spiel ist schließlich beendet, wenn die Braut ein Paar Beine als jene ihres Mannes identifiziert hat – auch wenn dies womöglich nicht zutreffend ist.

Tipp   Noch unterhaltsamer wird es, wenn der Bräutigam sich an verschiedenen Stellen platziert und sich mehrmals abtasten lässt.

Wangenkuss
Ein Küsschen in Ehren...

Das Wadenraten ist ein traditionelles Spiel, nicht nur bei Hochzeiten. Der Reiz dieses Spiels wird bei einer anderen Variante noch erhöht, wenn der Bräutigam seine Braut bei einem Kuss auf die Wange erkennen muss.

Zeitbedarf   Ca. 10 bis 15 Minuten

Material   Tuch zum Verbinden der Augen des Bräutigams.

Das Spiel erfordert keinerlei Vorbereitungszeit und kann nach der Ankündigung durch den Moderator der Feier sofort begonnen werden. *Vorbereitung*

Der Bräutigam wird vor die Tür gebeten, wo ihm die Augen verbunden werden. Verschiedene weibliche, aber auch zwei männliche Hochzeitsgäste werden ausgewählt, die sich nun in einer Reihe auf der Tanzfläche aufstellen. Darunter ist natürlich auch die Braut. Der Bräutigam wird nun nacheinander alle Gäste auf der Tanzfläche auf die Wange küssen und dabei idealerweise seine Gattin identifizieren. Der Bräutigam darf Wangen komplett ausschließen und andere mehrmals küssen. Natürlich verraten weder Mitspieler noch Zuschauer dem Suchenden etwas – wobei manchmal schon die Lachsalven ausreichen, um dem Bräutigam einen hilfreichen Tipp zu geben. Das Spiel findet sein Ende, wenn der Bräutigam vermeintlich seine Frau gefunden hat. Irrtum ist hierbei häufig nicht ausgeschlossen. *Durchführung*

Po-Raten
Grabschen erlaubt!

Ähnlich wie beim Wadenraten wird hier wieder das Feingefühl der Braut gefragt. Erkennt sie mit verbundenen Augen den Allerwertesten ihres Ehegattens durch tasten und fühlen?

Ca. 10 Minuten *Zeitbedarf*

Tuch zum Verbinden der Augen der Braut. *Material*

Das Spiel erfordert keinerlei Vorbereitungszeit und kann nach der Ankündigung durch den Moderator der Feier sofort begonnen werden. *Vorbereitung*

Die Braut verlässt den Saal und ihre Augen werden verbunden. Nun werden vom Spielleiter etwa acht Herren mit einer ähnlichen Statur, wie sie der Bräutigam hat, ausgewählt. Die Braut wird nun herein und hinter die Reihe der Männer geführt. Jetzt darf sie sich an die etwas prekäre Aufgabe machen und die Hintern der Herren abtasten. Durch ihr Feingefühl wird es ihr nun mehr oder weniger schwer fallen, die richtige Entscheidung zu treffen und den Po ihres Mannes unter all den Hintern herauszufinden. Das Spiel hat sein Ende gefunden, wenn sich die Braut für einen Allerwertesten entschieden hat. *Durchführung*

Lieder erraten
Hast du Töne?

Bei diesem Ratespiel können die Gäste ihr Wissen bei Musiktiteln unter Beweis stellen und außerdem in nostalgischen Erinnerungen schwelgen, die so mancher Musiktitel hervorruft.

Zeitbedarf   Ca. 10 bis 15 Minuten

Material   Musiktitel aus dem eigenen Bestand oder aus dem Repertoire des DJs.

Vorbereitung   Falls Sie das Spiel nicht mit eigenen Musiktiteln durchführen wollen, sondern auf die Hilfe des DJs zurückgreifen, sollten Sie bereits im Vorfeld der Hochzeit mit ihm Kontakt aufnehmen und die Titelfolge abklären.

Durchführung   Der Organisator des Spiels bittet fünf Männer und fünf Frauen auf die Tanzfläche, die sich im Thema Musik auskennen und nun in einer Männer- und in einer Frauengruppe gegen einander antreten. Es wird nun ein Musiktitel kurz angespielt und die Aufgabe ist es, sowohl den Titel als auch den Interpreten zu erkennen. Sobald einer der Spieler glaubt, erraten zu haben, um welches Stück es sich handelt, ruft er stopp. Kann er nur den Titel oder nur den Interpreten nennen, hat der Spieler noch die Chance, sich kurz mit seinem Team zu beraten und die Antwort zu ergänzen. Gelingt ihm das nicht, kommt das gegnerische Team zum Zug und hat die Chance, die richtige Antwort zu liefern. Für jede gelöste Aufgabe gibt es einen Punkt und Gewinner ist am Schluss das Team mit den meisten Punkten.

Tipp   Um das Spiel möglichst persönlich zu gestalten, können Lieder aus der Jugend des Brautpaars oder aber auch aus deren gemeinsamer Vergangenheit gewählt werden, die eine besondere Bedeutung für die Beiden haben.

Fotos raten
Wie schnell doch die Zeit vergeht

Kaum etwas ist amüsanter, als sich alte Fotos anzusehen. Warum sollte man das nicht auch im großen Kreis auf einer Hochzeit machen und dabei noch ein lustiges Ratespiel daraus machen? Schnell werden Sie finden: Onkel Herbert hat sich überhaupt nicht verändert, Susanne sah schon als Baby ihrer Mutter gleich und der schöne Trauzeuge war ja eigentlich kein hübsches Kind.

Ca. 15 Minuten *Zeitbedarf*

Beamer und Leinwand *Material*

Etwa zwei bis drei Monate vor der Hochzeit sollten Freunde und Verwandte *Vorbereitung* um Baby- und Kinderfotos von früher gebeten werden. Dabei sollte es sich um lustige und peinliche Motive sowohl der Brautleute als auch der Gäste handeln. Sind ausreichend Fotos beim Organisator eingetroffen, gilt es, sie einzuscannen und falls nötig noch nachzubearbeiten.

Im Saal, wo die Feierlichkeit stattfindet, muss nun eine Leinwand mit Bea- *Durchführung* mer aufgebaut werden und zwar so, dass möglichst viele der Gäste eine gute Sicht auf die Leinwand haben. Nach und nach werden nun die Baby- und Kinderfotos der Gäste und des Brautpaars an die Wand geworfen. Die ganze Hochzeitsgesellschaft ist nun aufgefordert, sich an dem Ratespiel zu beteiligen und möglichst schnell die Helden von früher zu identifizieren. Mit absoluter Sicherheit wird diese Einlage eine große Heiterkeit beim Publikum einlösen. Nicht nur die Frisuren, die Kleidung und die Figuren von damals verursachen dabei ein großes Vergnügen. Erinnerungen an gemeinsame Erlebnisse werden dabei wach und bieten neben viel Gelächter auch ganz viel Gesprächsstoff.

Führen Sie das Spiel am späteren Nachmittag durch, um einen gewissen Leer- *Tipp* lauf zwischen Kaffee und Abendessen zu überbrücken und das Eis zwischen den Hochzeitsgästen zu brechen.

Ehetauglichkeitsquiz
Nun schlägt die Stunde der Wahrheit

Das Ja-Wort ist gesprochen und das Paar ist nun verheiratet. Aber wie gut kennen sie sich wirklich? Das gilt es bei dem Ehequiz herauszufinden.

Material Je zwei geeignete Symbole für die Braut und für den Bräutigam. Das können Sekt- und Biergläser sein, die Schuhe des Brautpaars, Nudelhölzer oder Bierflaschen oder einfach nur je zwei Schilder, auf denen die Namen des Brautpaars stehen.

Vorbereitung Erstellung eines Fragenkatalogs aus dem Alltag des Brautpaars. Dieser kann entweder im Vorfeld entwickelt werden oder spontan vor Ort unter Einbeziehung der gesamten Hochzeitsgesellschaft. In diesem Fall ist dann der Moderator ein wenig gefordert, um Doppelungen und allzu persönliche Fragen zu vermeiden.

Fragen Fragen finden Sie unter www.spiele1.info/ehequiz

Durchführung Das Brautpaar wird Rücken an Rücken auf die Tanzfläche gesetzt. Nach und nach werden ihnen nun die Fragen gestellt, wie z. B. „Wer von den Beiden kann besser einparken?". Das Brautpaar hebt nun entweder das Schild oder das dementsprechende Symbol. Gibt es eine Übereinstimmung, erhält das Paar einen Punkt. Falls gewünscht, können auch die Gäste mitspielen und ihr Voting abgeben, indem sie eine rote oder blaue Karte hochhalten, je nach ihrer Einschätzung.

Nachdem etwa 20 Fragen an das Brautpaar gestellt wurden, übernimmt der Moderator die Auswertung, die so lauten könnte:

1-4 Punkte
Bei so wenig Übereinstimmung liegt der Verdacht nahe, dass man das Brautpaar sich gegenseitig erst einmal vorstellen sollte.

5-8 Punkte
Es gibt noch Hoffnung, denn aller Anfang ist schwer.

9-12 Punkte
Das läuft auf eine Durchschnittsehe hinaus.

13-15 Punkte
Die Grundsteine sind gelegt, herzlichen Glückwunsch.

mehr als 16 Punkte
Das perfekte Paar – besser geht es einfach nicht.

Es ist auch noch möglich, ein älteres Ehepaar als Konkurrent mit den gleichen *Variante* Fragen zu prüfen um heraus zu finden, ob sich die frisch Vermählten ebenso gut kennen, wie dieses Paar.

Um dem Ehetauglichkeitsquiz noch einen weiteren Anreiz zu setzen, legen Sie *Tipp* Spieleinsätze fest. Der fragestellende Gast kann z. B. als Einsatz eine Aufgabe festlegen: „Wenn ihr die folgende Frage identisch beantwortet, lade ich Euch zum Frühstück ein." Auch Geldeinsätze steigern noch einmal die Spannung.

Weitere Informationen, Tipps, Videos, Anleitungen, Texte, Sprüche und Kauftipps:
unter
www.spiele1.info/ehequiz

oder

Anleitung S. 10

TV-Sendungen nachspielen
Herzblatt, Wer wird Millionär, ... nur fürs Brautpaar

Ratespiele nach altbekannten TV-Sendungen. Jeder kennt die Regeln, keiner die Fragen und wer kennt die Antworten?

Vorbereitung Erstellung eines Fragenkatalogs. Dazu benötigen Sie für den auf das Brautpaar zugeschnittenen Fragenkatalog kreative Zeit.

Durchführung Der Moderator ruft die benötigten Gäste und/oder das Brautpaar auf die Bühne. Er erklärt kurz die Regeln – falls trotz Bekanntheit aus dem TV – jemand die Spiele nicht kennt. Anschließend wird das Spiel durchgeführt und die Fragen nach seinem Fragenkatalog vorgelesen.

Variante Herzblatt Als Trennung zwischen Braut und Kandidaten kann ein Tuch mit aufgemalte/bedrucktem Herz gespannt sein. Nachdem die Braut dann „ihren" Kandidaten gewählt hat, muss dieses Herz ausgeschnitten werden. Dafür bekommen Braut und Kandidat eine kleine Schere. Und wen sieht die Braut als ihr Herzblatt? Natürlich ihren frisch getrauten Ehemann.
Ein bedrucktes Herz und Scheren finden Sie unter www.spiele1.info/herz
Der Bräutigam sollte nicht als Kandidat auftreten, da die Braut ihn sonst natürlich wählen würde. Aber der Bräutigam kann selbstverständlich die Antworten den Kandidaten ins Ohr flüstern.

Variante Wer wird Millionär Was weiß eigentlich die Braut über den Bräutigam? Und was weiß der Brautvater über seinen neuen Schwiegersohn?
Durch die 4 vorgeschlagenen Antwortmöglichkeiten kommen lustige Antworten zu Stande und geben dem Befragten wenigstens ein paar Anhaltspunkte. Besonders witzig sind die Joker wie Publikum befragen oder der Telefonjoker.

Tipp Weitere Varianten und spielbare TV-Ratesendungen unter www.spiele1.info/tv

Kuss-Contest
Guten Freunden gibt man ein Küsschen

Nicht nur das Brautpaar darf sich untereinander küssen. Bei diesem Spiel ist auch die gesamte Hochzeitsgesellschaft aufgefordert, Küsse ans Brautpaar abzugeben – auch wenn es nur auf einem Foto ist.

Ca. 10 Minuten   *Zeitbedarf*

Ein Ganzkörperbild von Braut und Bräutigam – möglichst groß, evtl. sogar   *Material*
lebensgroß vergrößert, Kussmund- oder Herzchenaufkleber in doppelter
Anzahl der Gäste, Stift und zwei Zettel.
Pappaufsteller mit Bild finden Sie unter www.spiele1.info/kusscontest

Die Fotos des Brautpaars müssen größtmöglich ausgedruckt werden – nach   *Vorbereitung*
Möglichkeit sogar in Lebensgröße. Die Aufkleber werden paarweise zerteilt
und sowohl auf den Aufkleber vorne, wie auch auf die Papierrückseite der
Abziehfolie eine Nummer geschrieben. Jedem Gast wird dabei eine Nummer
zugeteilt.

Braut und Bräutigam werden gebeten, auf einem Zettel zu notieren, an welche   *Durchführung*
Körperstelle ihm der andere in Küsschen geben soll. Dies darf ruhig eine aus-
gefallen Stelle – allerdings an der Vorderseite des Körpers sein – damit es für
die Hochzeitsgäste nicht zu einfach wird. Die Zettel mit der Notiz verbleiben
beim Spielleiter. Die Gesellschaft wird nun gebeten, je einen Aufkleber auf
dem Bild der Braut und einen auf dem des Bräutigams zu platzieren. Und zwar
an der Stelle, wo der jeweilige Gast vermutet, dass das Küsschen gegeben wird.
Das Abziehpapier muss der Gast bei sich behalten, damit später der Gewinner
ermittelt werden kann. Sind alle Sticker aufgeklebt, lüftet der Organisator
das Geheimnis und das Brautpaar zeigt anschaulich, wo es den Kuss für den
Partner platzieren wird. Der Gewinner ist der, der mit seiner Vermutung
richtig lag und seinen Aufkleber genau an der richtigen Stelle platziert hatte.

Lichtermeer
Wem geht ein Licht auf?

Besonders beliebt sind Spiele, die einen hohen Rätselfaktor haben, die Hoch-
zeitsgesellschaft zum Lachen bringen und dabei noch einen hübschen Effekt
erzielen. Mit diesem Spiel erfüllen Sie alle Voraussetzungen.

Material LED-Lichter für alle Hochzeitsgäste, große Plakate mit den Kriterien.

Vorbereitung Im Vorfeld sollte ein Kriterienkatalog mit ca. 10 Punkten erstellt werden, der
die Hochzeitsgäste in bestimmte Gruppen einteilt. Diese Kriterien werden
nun groß auf je ein Plakat geschrieben.

Durchführung Die Organisatoren verteilen an alle Gäste je eine LED-Lampe und bitten das
Hochzeitspaar so auf zwei Stühlen Platz zu nehmen, dass sie guten Blick-
kontakt zu ihrer Hochzeitsgesellschaft haben. Nun wird den Gästen das erste
Plakat gezeigt. Dabei ist darauf zu achten, dass das Brautpaar nicht lesen
kann, was auf den Plakaten steht. Kriterien, die aufgemalt werden sind z. B.:

- Alle Arbeitskollegen des Bräutigams
- Alle Schulkameraden der Braut
- Alle Paare, die Kinder haben
- Alle Verwandte der Braut / des Bräutigams
- Alle, die sich am Morgen rasiert haben
- Alle, die zwischen 1960 und 1970 geboren wurden.

Haben alle Gäste das Plakat gelesen, stehen all diejenigen auf und schalten ihre
Lampe ein, auf die das notierte Kriterium zutrifft. Dem Hochzeitspaar fällt nun
die Aufgabe zu, den gemeinsamen Nenner der Stehenden zu finden. Jetzt werden
sicherlich sehr originelle Vermutungen angestellt, die die Lachmuskeln der wissen-
den Gäste aufs Äußerste strapazieren. Wenn es zu schwer wird und das Brautpaar
Hilfe braucht, dürfen natürlich der eine oder andere Tipp gegeben werden.

Tipp Besonders stimmungsvoll wird es, wenn das Licht in dem Raum, wo die
Feierlichkeit stattfindet, am Abend etwas gedimmt wird, damit die Leuchten
so richtig gut zur Geltung kommen.

Weitere Informationen, Tipps,
Videos, Anleitungen, Texte,
Sprüche und Kauftipps:
unter   **oder**
www.spiele1.info/led

Anleitung S. 10

Fotospiele

Hochzeitsrahmen, Photo Booth, Polaroid, Verkleidungen:
Keine Hochzeit ohne Fotos. Neben klassischen
Hochzeitsbildern sollten Fotos auch spielerisch entstehen.
So wird jeder Gast mal anders fotogen.

Hochzeitsrahmen
Kein Gast darf aus dem Rahmen fallen

Ein Klassiker auf Hochzeiten sind die Fotos der Gäste im Bilderrahmen. Hierbei halten die Hochzeitsgäste einen dekorativen Bilderrahmen selbst fest und werden so fotografiert. Aufgrund der ähnlichen Hintergrundszenerie entstehen hochwertige Fotos, die eine bleibende Erinnerung für das Brautpaar darstellen.

Zeitbedarf   Während der Hochzeitsfeier, kann sich über den ganzen Tag erstrecken.

Material   Ein dekorativer, hochwertiger Rahmen (der Rahmen sollte nicht zu schlicht sein und nicht viel wiegen), ein Fotoapparat
Edle Fotorahmen finden Sie unter ww.spiele1.info/rahmen

Vorbereitung   Im Vorfeld sollte man sich einen ansprechenden Platz suchen, wo das Shooting stattfindet. Dazu eignet sich bei schönem Wetter auch ein begrünter Hintergrund im Freien oder in einem geschlossenen Raum ein stimmiges Ambiente ohne allzu viel Dekoration.

Durchführung   Der Fotograf fordert die Gäste nach und nach auf, sich einzeln, als Paar oder auch in Kleingruppen von ihm vor dem zuvor ausgewählten Hintergrundmotiv durch den Bilderrahmen fotografieren zu lassen. Die Fotos werden dem Brautpaar nach der Hochzeit als bleibende Erinnerung an die Hochzeitsgesellschaft überreicht.

Tipp   Eine schöne Ergänzung ist es, ein Gästebuch mit den Fotos zu bebildern. Dabei wird für jedes Foto eine Doppelseite in dem Buch reserviert. Die linke Seite ist für das Foto vorgesehen und auf der rechten Seite verewigen sich die dazu gehörenden Gäste mit Glückwünschen für das Brautpaar. Wer es ganz eilig hat, kann die Fotos auch schon während der Hochzeitsfeier mit einem Fotodrucker fertigstellen und einkleben.

Weitere Informationen, Tipps, Videos, Anleitungen, Texte, Sprüche und Kauftipps:
unter
www.spiele1.info/rahmen

oder

5 Euro Gutschein gratis für dieses Hochzeitsspiel! siehe S. 10

Anleitung S. 10

Fotos mit Spaßverkleidung
Je später der Abend, desto kreativer die Gäste

Eine Erinnerung für das Hochzeitspaar, Belustigung der Hochzeitsgäste ein lustiger Gegensatz zu den klassischen Hochzeitsfotos. Auf jeden Fall ein Riesenspaß für alle Beteiligten – denn wer hat nicht Spaß am Verkleiden?

Während der Hochzeitsfeier, kann sich über den ganzen Tag und Abend erstrecken. *Zeitbedarf*

Diverse Verkleidungsutensilien, wie Nerd-Brille, Hüte, Federboa, Zylinder, Schmuck, Krawatten, hochwertiger Fotorahmen, Spiegel, ein Fotoapparat. Komplettsets finden Sie unter www.spiele1.info/foto *Material*

Im Vorfeld sollte man sich eine ruhige Ecke in den Räumlichkeiten der Feier aussuchen, wo auch die Utensilien auf einem Tisch platziert werden können. *Vorbereitung*

Jeder Gast kann sich vor seinem Fotoshooting nach Herzenslust mit den bereit gehaltenen Verkleidungen kostümieren. Ob er sich allein, mit Partner oder in einer Kleingruppe fotografieren lässt, bleibt jedem selbst überlassen. Sicherlich sind gerade Paaraufnahmen hierfür am besten geeignet. Im Gegensatz zu den klassischen Aufnahmen entstehen hier Erinnerungsfotos einer ganz anderen Art, die nicht nur das Brautpaar noch lange zum Lachen bringen. Je später der Abend, um so kreativer und mutiger werden erfahrungsgemäß auch die Kostümierungen, sodass das „Fotostudio" auch am Abend noch länger geöffnet sein sollte. Sind sie sich sicher, dass in der Fotoecke immer dichtes Gedränge herrscht, da sich keiner der Gäste diesen Spaß entgehen lassen möchte. Natürlich werden die Fotos dem Brautpaar nach der Hochzeit als bleibende herzerfrischende Erinnerung an das Fest und die Gästeschar überreicht. *Durchführung*

Auch in diesem Fall können die Fotos wieder in einem Gästebuch aufbereitet werden und mit persönlichen Widmungen der Verkleideten versehen werden. *Tipp*

Weitere Informationen, Tipps, Videos, Anleitungen, Texte, Sprüche und Kauftipps:
unter
www.spiele1.info/foto

oder

5 Euro Gutschein gratis für dieses Hochzeitspiel! siehe S. 10

Anleitung S. 10

Fotowand
Fotostudio für Jedermann

Um sich eine schöne Erinnerung an die Hochzeitsgesellschaft zu schaffen, werden gerne Fotos gemacht: ganz normale Fotos, Fotos in einem Bilderrahmen, aber sehr gerne auch Fotos mit einem etwas anderen Hintergrund.

Zeitbedarf Während der Hochzeitsfeier, kann sich über den ganzen Tag erstrecken.

Material Verschiedenes Dekorationsmaterial, wie bedruckte Tapeten, Aufsteller, Poster, Stoff mit einem Foto des Brautpaars usw., ein Fotoapparat.

Vorbereitung Im Vorfeld sollte man sich einen ansprechenden Platz suchen, wo das Shooting stattfindet und die Dekoration gut befestigt oder aufgestellt werden kann.

Durchführung Der Fotograf fordert die Gäste nach und nach auf, sich einzeln, als Paar oder auch in Kleingruppen von ihm fotografieren zu lassen. Wie sich die Gäste dabei mit der Dekoration positionieren, bleibt der Kreativität und dem Geschmack eines jeden selbst überlassen. Das Arbeiten mit Dekomaterialien, aber auch mit Aufstellern oder Hintergrundbildern des Brautpaars gestaltet die Aufnahmen abwechslungsreich und nimmt dem einen oder anderen auch die Scheu vor der Kamera. Die Fotos werden dem Brautpaar nach der Hochzeit als bleibende Erinnerung an die Hochzeitsgesellschaft überreicht.

Tipp Auch mit diesen Fotos stellt es eine schöne Ergänzung dar, für das Brautpaar ein Gästebuch mit den Fotos zu bebildern. Dabei wird für jedes Foto eine Doppelseite in dem Buch reserviert. Die linke Seite ist für das Foto vorgesehen und auf der rechten Seite verewigen sich die dazu gehörenden Gäste mit Glückwünschen für das Brautpaar.

Weitere Informationen, Tipps, Videos, Anleitungen, Texte, Sprüche und Kauftipps:
unter
www.spiele1.info/photobooth

oder

Anleitung S. 10

5 Euro
Gutschein gratis für
dieses Hochzeitsspiel!
siehe S. 10

Photobooth
Hochzeitsfotos mal ganz anders

Zwei wichtige Anliegen lassen sich hier vereinen: Freunde und Verwandte sollen sich auf einer Hochzeit amüsieren und es sollen zur bleibenden Erinnerung Fotos gemacht werden, die den Tag und die Gäste festhalten. Beide Anforderungen lassen sich mit einer Photo Booth innovativ vereinen.

Während der Hochzeitsfeier, kann sich über den ganzen Tag und Abend erstrecken. **_Zeitbedarf_**

Anmietung eines Photobooth **_Material_**

Photobooth Anbieter finden Sie unter www.spiele1.info/photobooth **_Vorbereitung_**

Ein Photobooth bringt Abwechslung und heitert die Atmosphäre auf einer **_Durchführung_** Hochzeit auf. Die Gäste, aber auch das Brautpaar, haben dabei die Möglichkeit, sich in ihrer ganzen Vielfalt zu präsentieren und kreativ zu sein. Ziel ist es dabei einfach, Spaß zu haben und für gute Laune unter den Gästen zu sorgen, wenn man sich gemeinsam die Fotos anschaut, die beim Photobooth gemacht wurden. Der Kreativität sind dabei keine Grenzen gesetzt, deshalb sollte man beim Photobooth viele verschiedene Accessoires zur Verfügung stellen, damit vielseitige Fotos entstehen können. Verschiedene Hintergründe können genauso gewählt werden, wie Rahmen. Natürlich bekommt das Brautpaar all die Fotos zur Erinnerung ausgehändigt und kann sie auch den Gästen in digitaler Form jederzeit zukommen lassen.

Ein Photobooth funktioniert aber auch ohne Verkleidung. Für eine andere **_Tipp_** Idee benötigt man nur Schilder und Stifte. Die Schilder oder Tafeln (in diesem Fall verwendet man Kreide zum Schreiben) sind an Stielen befestigt und können nach oben gehalten werden. Jeder, der sich fotografieren lässt, schreibt einen persönlichen Gruß auf das Schild oder die Tafel und hält diese dann nach oben. Auf dem Foto wirkt dies wie Sprechblasen, in denen die Glückwünsche für die Gäste übermittelt werden.

Weitere Informationen, Tipps, Videos, Anleitungen, Texte, Sprüche und Kauftipps: **oder**
unter
www.spiele1.info/photobooth

Anleitung S. 10

Fotorahmen mit Gruppen
Auf geht es zum „Gruppenbild mit Dame"

Wem der Klassiker unter den Hochzeitseinlagen, nämlich das Fotografieren aller Gäste in einem Rahmen allein zu langweilig ist, der kann auf diese Variante zurück greifen, bei der nach verschiedenen Themen hinter dem Rahmen gruppiert wird.

Zeitbedarf   Während der Hochzeitsfeier, kann sich über den ganzen Tag erstrecken.

Material   Ein dekorativer, hochwertiger Rahmen (der Rahmen sollte nicht zu schlicht sein und nicht viel wiegen), ein Fotoapparat.
Edle Fotorahmen finden Sie unter ww.spiele1.info/rahmen

Vorbereitung   Im Vorfeld sollte man sich einen ansprechenden Platz suchen, wo das Shooting stattfindet. Dazu eignet sich bei schönem Wetter auch ein begrünter Hintergrund im Freien oder in einem geschlossenen Raum ein stimmiges Ambiente ohne allzu viel Dekoration.

Durchführung   Der Fotograf fordert die Gäste nach und nach auf, sich nach bestimmten Themengruppen von ihm vor dem zuvor ausgewählten Hintergrundmotiv durch den Bilderrahmen fotografieren zu lassen. Allein durch die ungewöhnlichen Kriterien wird bei den Gästen eine besondere Spannung erreicht, bei der sie mit fiebern und bei so manchem Outing auch ihren Spaß haben.
Diese Gruppen könnten zum Beispiel sein:

- Alle Arbeitskollegen
- Alle Frauen, die gleich alt wie die Braut oder der Bräutigam sind
- Alle Fußballkameraden des Bräutigams
- Alle Männer, die einen Schnurrbart tragen
- Alle Gäste, die eine bestimmte Automarke fahren

Die Kriterien können hierfür ganz individuell auf die Hochzeitsgesellschaft angepasst werden. Nach der Hochzeit werden die Fotos in einem Album dem Brautpaar zusammengestellt und als Erinnerung überreicht.

Besonders witzig ist es natürlich, wenn das Fotoalbum noch während der *Tipp*
Hochzeit fertig gestellt werden kann und die Gäste persönlich darin neben
dem Bild eventuell mit einer Widmung unterschreiben.

Achten Sie darauf, dass Sie bei diesem Spiel niemanden vergessen aufzurufen, *Achtung*
wenn Sie wirklich alle Gäste mit der Kamera festhalten wollen. Sie können
dies damit verhindern, dass Sie am Ende nochmal all die aufrufen, die bisher
noch nicht fotografiert wurden.

Polaroid-Fotos
Der Wahrheit sofort ins Auge sehen

*Fast ist das gute alte Polaroid-Foto ein wenig in Vergessenheit geraten. Völlig
zu Unrecht, denn Sie werden sehen, wie viel Vergnügen doch das Fotografieren, gerade auf einer Hochzeit noch bringen kann.*

Während der Hochzeitsfeier, kann sich über den ganzen Tag erstrecken. *Zeitbedarf*

Polaroid-Kamera und Filme, wasserfeste Stifte in Gold und Silber, Klebestift, *Material*
Gästebuch oder Album zum Einkleben der Fotos.

Von allen Gästen werden während der Hochzeit mit der Polaroid-Kamera Fotos *Durchführung*
geschossen. Sei es beim Tanzen, beim Essen, beim Lachen oder bei anderweitigen Aktivitäten. Das Foto wird sofort, nachdem es sich entwickelt hat, an die
Gäste ausgehändigt, die das Motiv darstellen. Sie werden nun gebeten, das Foto
mit einer Widmung auf der Vorderseite zu versehen und mit ihren Namen zu
signieren. Dabei ist darauf zu achten, dass die Stifte wasserfest sind und die
Schrift nicht verwischt. Dann erhält der Fotograf die Fotos wieder zurück und
klebt sie in ein Album oder ein Gästebuch, das dem Brautpaar als bleibende
Erinnerung an ihren schönsten Tag und die Gäste überreicht wird.

Sehr viel Freude wird das Brautpaar auch daran haben, wenn es selbst das *Tipp*
eine oder andere Mal auf einem Foto mit drauf ist.

Banner und Girlanden
Was und wen feiern wir hier eigentlich?

Ein roter Faden zieht sich durch alle Hochzeitsfotos. Hier sind es das Datum und die Namen des Brautpaares. Kleine Hilfsmittel auf den Fotos erleichtern nicht nur den Fotomuffeln einen gelungenen Schnappschuss.

Zeitbedarf   Während der Hochzeitsfeier, kann sich über die ganze Feier erstrecken.

Material   Banner oder Girlanden mit den Namen des Brautpaares und dem Datum. Bedruckte Banner finden Sie auch unter www.spiele1.info/banner.

Vorbereitung   Im Vorfeld sollte man sich eine ruhige Ecke in den Räumlichkeiten der Feier aussuchen. Am besten eignet sich ein Raum oder eine Wand ohne allzu viel Dekoration, damit die Fotomotive besser zur Geltung kommen.

Durchführung   Jeder Gast nimmt sich das Banner für das Fotoshooting. Ob er sich allein, mit Partner oder in einer Kleingruppe fotografieren lässt, bleibt jedem selbst überlassen. Sicherlich sind gerade Paaraufnahmen hierfür am besten geeignet. Dabei ist es jedem überlassen, ob das Banner vor die Brust gehalten wird, in die Luft, … Im Gegensatz zu den klassischen Aufnahmen entstehen hier Erinnerungsfotos einer ganz anderen Art, die nicht nur das Brautpaar noch lange in Erinnerung bleiben.
Auch in diesem Fall können die Fotos wieder in einem Gästebuch aufbereitet werden und mit persönlichen Widmungen der Verkleideten versehen werden. Wer möchte, kann auch diese Fotos durch einen Rahmen hindurch schießen, wenn dabei nicht die Wirkung der Banner beeinträchtigt wird.

Tipp   Nehmen zu späterer Stunde einfach aus der Fotoecke und integrieren Sie es in die Feierlichkeiten. Hier entstehen viele lustige Schnappschüsse.

Weitere Informationen, Tipps, Videos, Anleitungen, Texte, Sprüche und Kauftipps:
unter
www.spiele1.info/banner

oder

Anleitung S. 10

Kennenlernspiele

Hochzeitsbingo, Fotopuzzle, Memory, Partnersuche: Kennenlernspiele sind Möglichkeiten Gäste untereinander bekannt zu machen, das Eis schnell zum Schmelzen bringen, die Stimmung ankurbeln und viel Gesprächsstoff bieten.

Urlaubsideen markieren
Die ganze Welt liegt dem Brautpaar zu Füßen

Wenn das Brautpaar gerne reist, ist das Weltkarte-Spiel ein lustiges Spiel und Geschenk, das auch während der Feier die Kommunikation zwischen den Gästen enorm anregt und Gesprächsstoff bietet.

Zeitbedarf   Längere, parallele Aktivität zur Hochzeit. Endet mit der feierlichen Übergabe. Der einzelne Gast benötigt nur ein paar Minuten für das Hochzeitsspiel.

Material   Eine große Weltkarte, verschiedenfarbige Stempelkissen oder Fingerfarbe, (Filz-) Stifte, Feuchttücher zum Reinigen, optional ein Gästebuch. Komplette Sets und Weltkarten erhalten Sie unter www.spiele1.info/weltkarte

Vorbereitung   Platzieren Sie die Weltkarte an einer gut einsehbaren Stelle. Legen Sie Stempelkissen und Filzstifte dazu. Ein Aufsteller, auf dem kurz erklärt wird, was die Gäste zu tun haben, ist vor allem für die ersten „Drücker" hilfreich.

Durchführung   Die Hochzeitsgesellschaft kann sich nun auf der Weltkarte verewigen, indem jeder Gast seinen Fingerabdruck bei seinem Urlaubstipp hinterlässt. Die Farbe wird mit Hilfe des Stempelkissens auf den Daumen aufgetragen. Jeder Fingerabdruck wird mit dem Namen des Gastes und einer kurzen Beschreibung des Urlaubortes beschriftet. So weiß das Hochzeitspaar, wen es bei einer Reiseplanung nach Tipps fragen soll. Dabei sind natürlich ganz persönliche Geheimtipps der besondere Renner. Nach und nach entsteht nun hier ein sehr persönlicher Reiseführer für das Brautpaar, in dem die individuellen Vorlieben und Tipps der Gäste zum Ausdruck gebracht werden.
Ein toller Nebeneffekt ist dabei, dass sich an der Weltkarte interessante Gespräche entwickeln, wenn sich die Gäste untereinander über die bereisten Gegenden austauschen. Nicht nur einmal wird man im Laufe des Spiels den erstaunten Ausdruck hören: „Ach, warst du da etwa auch schon mal?". Am Ende wird dem Hochzeitspaar dieser maßgeschneiderte Reiseführer überreicht.

Weitere Informationen, Tipps, Videos, Anleitungen, Texte, Sprüche und Kauftipps:
unter
www.spiele1.info/weltkarte

oder

Anleitung S. 10

5 Euro Gutschein gratis für dieses Hochzeitsspiel! siehe S. 10

Fotopuzzle
Spannend bis zum letzten Stein

Auch dies ist ein Spiel, bei dem alle Hochzeitsgäste mit eingebunden werden und sich bei einem zwanglosen Spiel näher kennenlernen. Schnell wird so beim Puzzeln das Eis gebrochen.

Während der gesamten Hochzeitsfeier — *Zeitbedarf*

Fotopuzzles, Bilderrahmen, Klebestift, Papier zum Aufkleben, Tisch an dem — *Material* das Puzzle aufgebaut ist am Rande des Festsaals.
Verschiedene Puzzle und Sets finden Sie unter www.spiele1.info/puzzle

Im Vorfeld muss ein Foto des Brautpaars ausgewählt und zu einem Fotopuzzle — *Vorbereitung* gestanzt werden. Je nach Gästeanzahl bekommt nun jeder Gast oder jedes Paar zu Beginn der Hochzeitsfeier ein Puzzleteil ausgehändigt. Natürlich kann man bei einer größeren Gästeanzahl auch mehrere Puzzle anfertigen lassen oder aber auch jedem Gast zwei Teile aushändigen. Dies ist immer von der Anzahl der Puzzleteile abhängig, in die das Foto zerteilt wird.

Die Aufgabe ist nun, das Puzzle im Laufe der Hochzeitsfeier zusammenzustel- — *Durchführung* len. Sinn macht es, wenn ein Spielleiter das Puzzle koordiniert und nach und nach die Gäste an den Tisch bittet. Beispielsweise zunächst die Gäste, die eine Ecke haben, dann die, die ein Randstück haben usw. Sind Sie sicher, dass sich am Puzzle-Tisch immer ein paar Gäste aufhalten, eine rege Kommunikation herrscht und der Puzzletrieb so manchen Gasts entfacht wird. Ist das Foto wieder komplett, wird es aufgeklebt und in einem bereitgestellten Rahmen dem Brautpaar überreicht.

Weitere Informationen, Tipps, Videos, Anleitungen, Texte, Sprüche und Kauftipps:
unter
www.spiele1.info/puzzle

oder

5 Euro
Gutschein gratis für dieses Hochzeitsspiel!
siehe S. 10

Anleitung S. 10

Dreh dich weiter
Speed Dating mal ganz anders

Wie beim Speed Dating wird eine bestimmte Redezeit eingeräumt, in der sich die Gäste intensiv im Zwiegespräch unterhalten. Danach dreht sich das Rad weiter.

Zeitbedarf   Etwa eine halbe Stunde

Material   Einen Gong und eine Stoppuhr

Vorbereitung   Die Gäste werden in zwei Hälften aufgeteilt und in zwei ineinander liegenden Kreisen aufgestellt. Es gibt einen inneren Kreis und einen äußeren Kreis.

Durchführung   Die Gäste sind nun so positioniert, dass immer eine Person aus dem inneren Kreis einer Person aus dem äußeren Kreis gegenüber steht. Die beiden haben nun genau drei Minuten Zeit, sich auszutauschen. Eine beliebte Frage für Gäste, die sich überhaupt nicht kennen, ist sicherlich, in welcher Verbindung man zu dem Brautpaar steht, wann man sie kennengelernt hat. Nach genau drei Minuten, die vom Spielleiter mit gestoppt werden, schlägt er den Gong und der innere Kreis dreht sich so lange weiter, bis der Spielleiter wieder den Gong schlägt, sodass ein neues Gesprächspaar entsteht. Bei diesem Spiel lernen sich die Hochzeitsgäste besser kennen, Gespräche entstehen, die später fortgesetzt werden können und auch gewisse Wartezeiten können damit überbrückt werden, wie z. B. der Fototermin des Brautpaars.

Cindarellatanz
Märchenhaftes Tanzspiel

Fast jeder Hochzeitsgesellschaft kann es recht gut tun, wenn mal kräftig durchgemischt wird. Dies betrifft vor allem die Tanzbegeisterten, die so auch einmal in den Genuss eines neuen Tanzpartners kommen. Dieses Hochzeitsspiel tut dies mit einem märchenhaften Hintergrund.

Zeitbedarf   Je nach Wunsch einen Tanz lang oder auch mehrere Tänze hintereinander.

Vorbereitung   Tanzfreudige Paare begeben sich auf die Tanzfläche.

Die Frauen entledigen sich eines Schuhs und stapeln die Schuhe in der Mitte *Durchführung*
der Tanzfläche. Die Herren greifen nun blind in dem Schuhhaufe nach einem
der Schuhe und machen sich auf die Suche nach dessen Besitzerin. Ist er fündig geworden, zieht er ihn ihr an und der nächste Tanz gehört ihm. Je nach
Belieben können die weiteren Tanzpaare bei den nächsten Tänzen auch so
zusammengestellt werden. Das gibt nicht nur die Gelegenheit, in den Genuss
eines anderen Tänzers oder einer anderen Tänzerin zu kommen, sondern
kurbelt auch die Kommunikation unter sich fremden Hochzeitsgästen an.

Es kann auch mit Herrenschuhen gespielt werden und bietet damit noch mehr *Tipp*
Spaß, da es wesentlich schwerer sein wird, die vielen schwarzen Herrenschuhe,
die an dem Tag getragen werden, ihrem Eigentümer zuzuführen.

Hochzeitsmemory
Dass nur kein Stück am Ende fehlt

Ein Spiel, bei dem alle Gäste der Hochzeitsgesellschaft aktiv werden müssen,
ist ein wunderbarer Einstieg in eine Hochzeitsfeierlichkeit. Ohne zu viel
Vorstellungsprozedere lernen sich die Gäste untereinander kennen.

Im Laufe der ersten Stunde der Feierlichkeit. *Zeitbedarf*

Ausgedruckte Fotos auf kräftigem Papier, Schere, Bilderrahmen oder Pinn- *Material*
wände – je nach Anzahl der Gäste, Klebestift, Papier zum Aufkleben

Im Vorfeld müssen Fotos des Brautpaares ausgewählt werden und diese auf *Vorbereitung*
stabilem Papier in DIN A4-Größe ausgedruckt werden. Die Fotos werden
dann in 6 – keinesfalls symmetrische Teile – geschnitten. Sie benötigen somit
für 60 Gäste 10 Fotos, die unterschiedlich zerteilt werden. Jeder Gast bekommt
nun zu Beginn der Hochzeitsfeier einen Schnipsel ausgehändigt.

Die Aufgabe ist nun, die Fotos im Laufe der ersten Stunde der Feierlichkeit *Durchführung*
wieder zu vervollständigen und dabei die Besitzer der restlichen fünf Bild-
teile aufzuspüren. Ist das Bild wieder komplett, wird es entweder in einem
bereitgestellten Rahmen oder auf einer Pinnwand veröffentlicht.

Verteilen Sie die Papierschnipsel so, dass die Gäste einer bestimmten Interes- *Variante*
sensgruppe zugehören. Haben alle Bayern-Fans oder alle Kletter-Begeisterte
ein Foto zusammengeführt und wurde diese Gemeinsamkeit festgestellt,
entsteht gleich eine wunderbare Gesprächsgrundlage.

Partnersuche
Wo ist meine zweite Hälfte?

Das Spiel eignet sich vor allem für Hochzeitsgesellschaften, wo sich wenige Gäste untereinander kennen. Wie bei Memory sucht man sein Gegenstück, in dem Fall seinen Partner, mit Hilfe eines identischen Fotos. Schon sehr früh wird damit der Austausch zwischen den Gästen gefordert und die Vorstellung untereinander aufgelockert.

Zeitbedarf Hängt von der Größe der Hochzeitsgesellschaft ab.

Material Verschiedene Fotos des Brautpaars – jedes Foto doppelt, doppelseitiges Klebeband oder Anstecknadeln oder Sichthüllen für Ausweise mit Clip.

Vorbereitung Im Vorfeld müssen Fotos des Brautpaars gesammelt werden. Gerne können dafür auch Kinderfotos oder Bilder aus der Jugend der beiden verwendet werden. Wichtig ist, dass es lustige Fotos der beiden sind. Jedes Foto sollte zweimal etwa auf die Größe 8 x 5 cm ausgedruckt werden. Auf der Rückseite des Fotos kann ein beidseitiges Klebeband angebracht werden, damit es an der Kleidung der Hochzeitsgäste befestigt werden kann. Alternativ kann man auch Stecknadeln verwenden oder Sichthüllen für Ausweise mit Clip.

Durchführung Zu Beginn der Feier im Hochzeitslokal erhält nun jeder Gast ein Foto angesteckt. Seine Aufgabe ist es nun baldmöglichst den Hochzeitsgast aufzuspüren, der das gleiche Bild angeheftet bekommen hat. Die beiden tauschen sich über ihre Geschichte mit dem Brautpaar kurz aus. Z. B. woher sie die beiden kennen, wann sie sich kennengelernt haben und wie der Kontakt seitdem verläuft. Nachdem alle Paare sich gefunden und gegenseitig ins Bild gesetzt haben, stellen sie sich nun gegenseitig der restlichen Hochzeitsgesellschaft in kurzen Worten vor, sobald alle Gäste Platz genommen haben.

Tipp Lassen Sie die unterschiedlichen Fotos hinterher durch die Gästeschar kursieren – kaum etwas bringt mehr Lacher als unser Aussehen vor vielen Jahren.

Wer bin ich?
Das heitere Personenraten mit dem Steckbrief

Gerade auf Hochzeiten, wo sich nur wenige der Gäste untereinander kennen, bildet das Ratespiel eine amüsante Gelegenheit, sich näher kennen zu lernen. Schnell kommt man dabei miteinander ins Gespräch und begibt sich mit kriminalistischem Spürsinn auf die Suche nach seinem Wer-Bin-Ich-Partner.

Hängt von der Größe der Hochzeitsgesellschaft ab.   *Zeitbedarf*

Für jeden Gast einen Zettel als Vorlage für seinen Steckbrief, Stifte und einen *Material* kleinen Korb oder eine kleine Kiste zum Einsammeln der Steckbriefe.

Die Vorlagen für den Steckbrief vervielfältigen in der Anzahl der Gäste.   *Vorbereitung*

Zu Beginn der Feier im Hochzeitslokal erhält jeder Gast eine Steckbriefkarte *Durchführung* ausgehändigt. Die Vorgaben darauf können von den Organisatoren des Spiels bereits festgelegt sein, wie z. B. Haarfarbe, Größe, Geburtsort, Hobbies oder von den Gästen individuell selbst festgelegt werden. Besonders witzig und auch ein wenig schwieriger wird das Spiel, wenn besondere Eigenschaften, die nicht äußerlich sichtbar sind, aufgeführt werden, wie z. B. spreche japanisch, bin begeisterter Kletterer oder habe eine Spinnenphobie. Wenn alle Steckbriefe verfasst wurden, werden die Karten zusammengefaltet und in einem Korb gesammelt. Wenn die Zettel gut vermischt wurden, darf jeder Gast wieder einen Steckbrief aus dem Korb ziehen. Seine Aufgabe ist es nun baldmöglichst den Hochzeitsgast zu entdecken, auf den die gezogene Beschreibung zutrifft. Mit gezielten Fragen an in Frage kommende Gäste kommt man dabei am schnellsten zum Ziel. Am besten spielt man das Kennenlernspiel zu Beginn der Feier, damit schnellst möglich das Eis zwischen den Gästen gebrochen wird und eine ungezwungene Atmosphäre entsteht.

Wenn die Anzahl der weiblichen und männlichen Gäste gleich ist, kann man *Tipp* auch mit verschieden farbigen Karten agieren. Die Frauen bekommen rote Steckbriefkarten zum Ausfüllen und ziehen dann blaue Karten. Die Männer füllen blaue Karten aus und ziehen rote Karten. Haben sich alle Paare gefunden, kann das Spiel sein Ende in einem gemeinsamen Tanz der neu gebildeten Paare finden.

Wer seid ihr alle?
Das Who is Who der Hochzeit

Ein schöner Beginn einer Hochzeitsfeierlichkeit ist es, alle Gäste einander vorzustellen. Passiert das auf eine sehr konventionelle Art, wird es schnell langweilig. Viel unterhaltsamer ist es hingegen Gemeinsamkeiten der Gäste aufzuzeigen und damit auch eine Gesprächsbasis für einen weiteren Austausch zu schaffen.

Zeitbedarf   Ca. 20 Minuten

Vorbereitung   Die Moderation des Spiels sollte für das Brautpaar von einem Trauzeugen oder einer anderen Person übernommen werden, die dem Brautpaar sehr nahe steht und einen großen Teil der Gäste kennt oder wenigstens zuordnen kann. Zuvor sollten Notizen gemacht werden, welche Personengruppen aufgerufen werden.

Durchführung   Der Reiz des Kennenlernspiels besteht darin, nicht nur die verschiedenen Personengruppen vorzustellen, wie z. B. Arbeitskollegen, Vereinskameraden, sondern sich besondere Kriterien einfallen zu lassen. Das könnte z. B. sein:

– Der älteste Freund
– Der älteste und der jüngste Gast
– Die Kartenrunde des Bräutigams
– Die Lauffreunde der Braut
– Wer gerne mal Babysitter machen würde
– Wer schon Silberhochzeit hatte
– Wer schon verheiratet ist
– Wer noch nicht verheiratet ist

Die Kriterien können ganz individuell auf das Brautpaar und seine Vorlieben und Hobbies abgestimmt werden. Dies macht bestimmt viel mehr Spaß, als wenn die Gäste der Reihe nach einfach nur vorgestellt werden. Und es bleibt länger im Kurzzeitgedächtnis hängen. Die aufgerufenen Gäste stehen auf und können dann auch nochmal, je nach Belieben, von dem Brautpaar selbst kurz vorgestellt werden.

Achtung   Bitte bei dem Spiel darauf achten, dass niemand der Gäste dabei unerwähnt bleibt. Um sicher zu gehen, kann man als letztes Kriterium die aufrufen, die noch gar nicht aufgestanden sind.

Hochzeitsbingo
„Bingo!" – mal ganz anders

Das Hochzeitsbingo fördert die Kommunikation unter den Gästen, gerade dann, wenn sie sich erst bei der Hochzeit kennenlernen. Schnell kommt man dabei auf eine humorvolle Art und Weise miteinander ins Gespräch und erfährt auch gleichzeitig Einiges über die Hochzeitsgesellschaft.

Ca. 15 Minuten · *Zeitbedarf*

Bingo-Karten für alle Gäste, Stifte · *Material*

Die Bingo-Karten können entweder fertig gekauft oder selbst erstellt werden. *Vorbereitung* Die zweite Variante ist zwar aufwändiger, aber kann damit persönlicher auf die Hochzeitsgesellschaft abgestimmt werden. Auf der Bingo-Karte muss ein Feld für den Namen des Spielers aufgezeichnet werden. Darunter wird ein großes Textfeld in 5 x 5 gleich große Felder unterteilt. In jedes dieser Felder werden nun Eigenschaften oder kurze Beschreibungen der Hochzeitsgäste eingetragen. Wenn Sie die Gästeschar gut kennt, können hier sehr konkrete Eigenschaften vermerkt werden, wie z. B. ein bestimmter Geburtstag, ein bestimmter Beruf, ein Geburtsort, eine Auszeichnung, ein Berufsabschluss oder vieles anderes. Die Eigenschaften können auch durchaus auf mehrere Personen zutreffen. Sollten die Organisatoren des Spiels die Gäste nicht so gut kennen, können auch allgemeinere Eigenschaften aufgeführt werden, wie z. B. Familienstand, Sternzeichen, Lieblingsmusik. Die 25 Eigenschaften werden nun in drei weitere Spielkarten eingetragen. Dabei muss darauf geachtet werden, dass die Beschriftung der Felder bei jeder Karte variiert. Sind so vier Bingo-Karten erstellt worden, können die weiteren davon kopiert werden. Insgesamt sollten so viel Karten wie Gäste vorliegen und jede der vier Varianten gleich oft vervielfältigt worden sein.

Zu Beginn der Hochzeitsfeier werden die Bingo-Karten an die Gäste verteilt. Es *Durchführung* gilt, innerhalb eines vereinbarten Zeitrahmens, die Gäste zu finden, auf die die Aussage auf der Bingo-Karte zutrifft und sie in dem Feld auf der Karte unterschreiben zu lassen. Jeder Gast darf auf der Karte nur einmal unterschreiben. Wie beim richtigen „Bingo!" müssen die Teilnehmer versuchen, eine vertikale, horizontale oder diagonale Reihe zu füllen. Wem dies als Erster gelingt, der ruft „Bingo!" und übergibt dem Organisator des Spiels seine Karte zur Kontrolle. Die Gäste, die darauf unterschrieben haben, werden nun aufgerufen und gebeten, aufzustehen. Dem Gewinner des Spiels winkt zur Belohnung ein Kuss der Braut oder des Bräutigams oder ein Tanz mit dem Brautpaar.

Nagelspiel
Draufhauen und Kennenlernen

Bei diesem Trinkspiel lernen sich auch die „Letzten" kennen. Das Geschicklichkeitsspiel lässt mehrere Teilnehmer im Kreis zusammenkommen, zusammen spielen, zusammen lachen und zusammen trinken.

Zeitbedarf　Ca. 15 Minuten

Material　Baumstamm oder dickere Holzscheibe, Nägel, Zimmermannshammer. Zubehör finden Sie unter www.spiele1.info/nageln

Vorbereitung　Der Baumstamm wird idealerweise draußen auf den Boden gestellt. Natürlich kann er bei schlechtem Wetter auch Indoor eingesetzt werden. Klären Sie dies aber mit der Location ab. Hammer und Nägel werden parat gelegt.

Durchführung　Jeder Teilnehmer schlägt den Nagel leicht in den Baumstamm. Anschließend wird reihum immer ein Mal mit der spitzen Seite des Hammers geschlagen. Gewinner ist der Teilnehmer, der den Nagel als Erster komplett versenkt hat. Verlierer ist der Nagel der als Letztes noch nicht eingeschlagen ist. Verschiedene Regeln beim Nageln sollten beachtet werden und sorgen für zusätzlichen Spass:

- Der Verlierer muss einen Schnaps trinken
- Trifft man einen fremden Nagel, muss man einen Schnaps trinken
- Schlägt man den Nagel krumm, gibt es einen Neuen und einen Schnaps
- Schlägt man außer der Reihe, muss man aussetzen und bekommt einen Schnaps
- Trifft man seinen Nagel nicht, muss man einen Schnaps trinken

Tipp　Häufig wird das Nagelspiel nicht beachtet oder trotz Ankündigung vergessen. Aber gerade zu späterer Stunde ist es ein beliebter Treffpunkt. Sorgen Sie dafür, dass ein paar Gäste zu spielen beginnen. Schnell werden weitere Neugierige und Interessierte folgen.

Weitere Informationen, Tipps, Videos, Anleitungen, Texte, Sprüche und Kauftipps:
unter
www.spiele1.info/nageln

oder

Anleitung S. 10

Vorführungen

Feuerwerk, Sketche, Wunschlaternen:
Vorführungen begeistern das Brautpaar und
hinterlassen tiefen Eindruck. Krönen Sie das Hochzeitsfest
mit einzigartigen Darbietungen.

Lass die Puppen tanzen
Da hält es niemand mehr auf den Stühlen

Nicht jedermanns Sache ist es, ein Gedicht oder eine Rede zu halten. Wenn man dem Hochzeitspaar aber dennoch eine persönliche Aufführung zukommen lassen möchte, ohne direkt vor die gesamte Hochzeitsgesellschaft zu treten, ist dies eine wunderbare Variante.

Zeitbedarf Ca. 5 Minuten

Material Ein schwarzes großes Tuch oder Betttuch, Handpuppen oder Socken, passende Musik zum Abspielen.

Mitspieler Vier bis sechs Mitspieler, 2 Personen zum Halten des Tuches.

Vorbereitung Wählen Sie ein Musikstück aus, das mit viel Dramatik und Theatralik zum Besten gegeben werden kann, gerne auch eine alte Liebeschnulze. Verwenden Sie entweder Handpuppen, die verschiedene Charaktere darstellen, wie z. B. das Brautpaar oder bemalen Sie weiße Socken so, dass sie als bestimmte Personen oder Wesen erkennbar sind. Schneiden Sie nun in das Tuch Löcher, die gerade so groß sind, dass die besockten Hände hindurch passen. Nun gilt es, die Choreografie einzustudieren. Bewegen Sie die Handpuppen zur Musik, indem Sie übertriebene Gesten und falls möglich Mundbewegungen machen. Auf der Hochzeit wird das Laken gespannt und die Mitspieler nehmen dahinter, nicht einsehbar von den Zuschauern, ihre Spielposition ein und führen ihre Hände durch die Löcher auf die Seite des Publikums.

Durchführung Das Brautpaar wird nun auf der Hochzeit gebeten auf zwei Stühlen Platz zu nehmen, die direkt vor Tuch mit sehr guter Sicht aufgestellt wurden. Der Moderator spricht ein paar einleitende Worte und dann beginnt die Musikdarbietung. Nun zeigen Sie, dass auch in alten Strümpfen noch rockige Rhythmen stecken! Sicher ist, dass diese Musikeinlage innerhalb kürzester Zeit nicht nur die Lachmuskeln der Hochzeitsgesellschaft enorm strapaziert, sondern auch die Stimmung anheizt.

Tipp Besonders witzig kann die Einlage auch gestaltet werden, wenn man als Musikstück eine alte Schnulze gewählt hat, in der sich das Brautpaar in Form von Handpuppen oder Socken seine ewige Liebe schwört.

Weitere Informationen, Tipps, Videos, Anleitungen, Texte, Sprüche und Kauftipps:
unter
www.spiele1.info/puppe

oder

Anleitung S. 10

5 Euro
Gutschein gratis für dieses Hochzeitsspiel!
siehe S. 10

Aschenputtel
Die böse Schwester auf der Hochzeit bringt alles zum Lachen

Aus dem Stehgreif ein Mitmach-Märchen vorführen ist mit diesem Sketch möglich. Sowohl die Mitwirkenden als auch die Zuschauer werden bei diesem Rollenspiel ihre Freude haben.

Ca. 10 Minuten   *Zeitbedarf*

Großes Tuch z. B. Bettlaken, einige Stühle und 7x Text.   *Material*
Manuskript und Videos unter www.spiele1.info/aschenputtel

Der Spielleiter sucht 8 Hochzeitsgäste aus. Im Nebenraum gibt er 6 von Ihnen   *Vorbereitung*
Stühle und den anderen Beiden das große Tuch.

Der Spielleiter kommt mit den Kandidaten in den Saal. Dabei verdeckt das   *Durchführung*
Tuch die 6 Stühleträger. Das Tuch wird jetzt so gespannt, dass man von dahinter Sitzenden gerade so eben noch immer nichts sehen kann.
Der Spielleiter spielt jetzt den Erzähler.
Folgende Rollen sind für das Hochzeitsspiel Aschenputtel zu besetzen: einmal eine gute Fee, dann drei böse Schwestern, der Prinz und natürlich des Aschenputtel.
Der Erzähler beginnt damit, die Geschichte vorzulesen, kommt dabei die Reihe an eine der Rollen, erhebt sich der betreffende Darsteller und trägt seinen Text vor, die drei bösen Schwestern stehen jeweils gemeinsam auf und sprechen zusammen. Der Text ist kurz und einfach gehalten und muss nicht eingeübt werden.
Für das Publikum werden bei diesem Hochzeitsspiel nur die Köpfe der Personen sichtbar.
Lustige Kopfbedeckungen und Hüte, bunte Tücher, eine Krone für den Prinzen, ein Zauberstab für die gute Fee, Tanzschuh und Ballkleid für Aschenputtel.

Besonderen Spass können Sie verbreiten, wenn Sie für die einzelnen Rollen   *Tipp*
des Aschenputtel Hochzeitsspiels passende Requisiten bereithalten.

Spalier stehen
Ein Reigen voller Wünsche

Der Brauch, nach der kirchlichen Trauung beim Auszug des Brautpaares aus der Kirche Spalier zu stehen, ist ein bereits sehr Alter. Freunde und Bekannte des Brautpaares stehen rechts und links des Weges vor der Kirche und symbolisieren so, dass sie dem Paar zur Seite stehen und für die Beiden da sind.

Zeitbedarf   Ca. 10 Minuten

Material   Je nach Wahl gleiche Gegenstände aus dem Leben des Brautpaars oder Rosen, Rosenkanonen oder Heliumballone – je eine pro Spaliersteher.

Vorbereitung   Aufstellen des Spaliers nach der kirchlichen bzw. standesamtlichen Trauung.

Durchführung   Nach der Trauung, wenn das Brautpaar die herauskommt, wird eine Art Tunnel gebildet, durch das sich Braut und Bräutigam den Weg bahnt. Die Bedeutung ist, dass das frisch verheiratete Paar die ersten Hindernisse und Stolpersteine in seinem gemeinsamen Leben überwindet. Den Möglichkeiten, das Spalier zu gestalten, sind keinerlei Grenzen gesetzt. Wenn zum Beispiel das Brautpaar begeistert Ski fährt, können sich die Sportkameraden in Skikleidung und Skiern ausgestattet, im Spalier aufstellen. Eine weitere Variante ist, sofern die Braut oder der Bräutigam Tennis oder Golf spielt, den Clubfreunden, die im Spalier stehen, Tennis- oder Golfschläger in die Hand zu geben, sodass eine Tennis- oder Golf-Spalier entsteht. Auch wenn sich keine bestimmtes Motto finden lässt, so kann man das Bild des Spaliers doch schön gestalten. Man kann den Gästen, die im Spalier stehen, längere Rosen geben oder, was einen besonders tollen Effekt hat, Heliumballone in Herzform oder Rosenkanonen verwenden. Gerade letztere schaffen, wenn sie gleichzeitig „gezündet" werden, ein einzigartiges Bild.

Weitere Informationen, Tipps, Videos, Anleitungen, Texte, Sprüche und Kauftipps:
unter
www.spiele1.info/ballon

oder

Anleitung S. 10

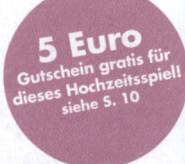

Fotoshow
Es war einmal und es wird einmal

Fotos aus vergangenen Tagen sind ein Hingucker. Lustige Motive, Mode, Frisuren und Autos bieten viel Unterhaltung. Besonders werden die Lachmuskeln strapaziert, wenn „Zeitzeugen" das Geschehnis kommentieren.

Ca. 20 Minuten — *Zeitbedarf*

Fotos aus der Vergangenheit des Brautpaars – entweder als Dias, dann wird *Material* ein Projektor und eine Leinwand benötigt oder digitalisiert. Dann muss im Vorfeld ein Beamer und eine Leinwand beschafft werden.

Der Organisator besorgt sich von der Familie und Freunden Fotos, die das *Vorbereitung* Brautpaar als Kinder, Jugendliche und später als Paar darstellen. Außerdem informiert er Hochzeitsgäste und bittet sie, eine lustige Anekdote aus dieser Zeit vorzubereiten. Die „Zeitzeugen" sollten schon im Vorfeld mit den Fotos vertraut gemacht worden sein. Die technische Ausstattung sollte so aufgestellt werden, dass möglichst viele Gäste gute Sicht auf die Leinwand haben.

Das Brautpaar wird nun auf der Hochzeit gebeten auf zwei Stühlen Platz zu *Durchführung* nehmen, die direkt vor der Leinwand mit sehr guter Sicht aufgestellt wurden. Der Moderator spricht ein paar einleitende Worte und beginnt die Fotoshow. Immer wieder bittet er Gäste scheinbar spontan, ihre eigenen Erfahrungen mit dem Braut oder Bräutigam in dieser Lebensphase zu schildern. So wird bei einem Bild, in dem ein Baby in Windeln zu sehen ist, die Mutter zu ihrem Kind befragt, bei dem Foto von der Einschulung werden alte Klassenkameraden mit einbezogen oder bei Urlaubsfotos als Jugendliche, alte Freunde befragt. Da ja alle Kommentatoren im Vorfeld informiert waren, hat sich der eine oder andere sicherlich eine lustige Geschichte überlegt. Sie werden sehen, nicht nur die Kommentare der „Zeitzeugen", sondern auch die Erinnerungen an gemeinsam Erlebtes der anderen Gäste werden hier jede Menge Lacher hervorrufen und die gute alte Zeit hochleben lassen.

Die Einlage kann einen witzigen Abschluss darin finden, dass Fotos von einer *Tipp* Kinderschar, von Traumvillen oder aber auch von anderen Luxusgütern am Schluss gezeigt werden und vom Moderator dementsprechend mit Zukunftsprognosen für das Paar versehen werden und einen Ausblick auf das zukünftige gemeinsame Leben darstellen.

Chinesische Wunschlaternen
Ein über 1800 Jahre alter Brauch in China

Die vielen verschiedenen Farben sind die chinesischen Wunschlaternen gerade dazu geschaffen, eine stimmungsvolle Atmosphäre zu schaffen, welche jede Hochzeit zu etwas ganz Besonderem werden lässt.

Material   Chinesische Wunschlaternen und Filzstifte.
Wunschlaternen finden Sie unter www.spiele1.info/laterne

Durchführung   In Asien glaubt man, dass Wunschlaternen alles Unglück mit in den Himmel trage und die Menschen dadurch mit Gesundheit, Glück und Reichtum in jeglicher Form bedacht werden. Auch alle Wünsche und Träume werden dadurch erfüllt. Der richtige Moment ist für die Wunschlaternen gekommen, wenn die Dämmerung in die Nacht übergeht. Dann werden die Laternen untern den Gästen verteilt, die mit dicken Filzstiften Wünsche und wohlgemeinte Sprüche auf die Laternen schreiben. Alternativ kann man die Wünsche in die Laterne flüstern während diese gen Himmel steigt.

Die Wunschlaternen werden aus chinesischem Reispapier und Bambus gefertigt. Sie sind federleicht und werden mit Hilfe einer Brennpaste entzündet. Da die Leuchtkörper bis zu 400 m weit in den Himmel steigen können und je nach Menge der Brennpaste eine lange Leuchtdauer haben, bietet sich der Gästeschar über längere Zeit ein überwältigender hochemotionaler Anblick.

Achtung   Da es durch die Laternen immer wieder zu Bränden gekommen ist, gibt es in einigen Bundesländern Auflagen oder sogar Verbote, was das Steigenlassen der Wunschlaternen betrifft. Informieren Sie sich vor dem Kauf der Laternen, am besten beim Veranstaltungsort der Hochzeit. Die Betreiber können Ihnen sicher alle Fragen beantworten und es kommt nicht am Tag der Hochzeit zu einer unschönen Situation.

Weitere Informationen, Tipps, Videos, Anleitungen, Texte, Sprüche und Kauftipps:
unter
www.spiele1.info/laterne

oder

Anleitung S. 10

Feuerwerk
Ein Erlebnis besonderer Art

Feuerwerke lassen uns immer wieder staunen – egal ob Erwachsene oder Kinder. Kaum etwas kann einen schöneren Abschluss einer Hochzeit darstellen als ein Feuerwerk. Aber auch schon manche kleine Wunderkerze lässt unsere Herzen höher schlagen.

Feuerwerke in jeglicher Form gibt es während des Jahres im Internet zu bestellen. Gerade für Hochzeiten gibt es wunderschöne Motive wie Ringe, Herzen etc.

Material

Nach der Bestellung im Internet und der Einholung der erforderlichen Genehmigungen (siehe Achtung), halten Sie sich bitte genau an die Anweisungen auf der Verpackung des Feuerwerks bzw. an die Anweisung des Herstellers.

Vorbereitungen

Sie sind das Brautpaar und wünschen sich für Ihren schönsten Tag einen spektakulären Abschluss oder Sie möchten als Freunde oder Verwandte das Brautpaar mit einem solchen Highlight überraschen? Auf jeden Fall können Sie damit bei allen Gästen eine große Begeisterung erzielen und so manchem eine Gänsehaut über den Rücken jagen. Vor allem dann, wenn Sie eine romantische Variante wie z. B. Ringe, Herzen oder Jahreszahlen als Motiv wählen. Aber auch zusammengestellte Pakete mit Leuchtkörpern verfehlen ihre Wirkung nicht und lassen das Brautpaar und die Gäste am Ende dieses Hochzeitsfestes staunen. Mit einem Feuerwerk wollte man früher dem Glauben folgen, dass man damit die bösen Geister vertreiben kann. Heute stellt es Vorfreude auf Neues und einen guten Anfang dar.

Durchführung

Bitte berücksichtigen Sie, dass das Abbrennen von Feuerwerken genehmigungspflichtig ist. Verbindliche Aussagen dazu erhalten Sie von den Anbietern der Feuerwerke im Internet.

Achtung

Weitere Informationen, Tipps, Videos, Anleitungen, Texte, Sprüche und Kauftipps:
unter
www.spiele1.info/pyro

oder

Anleitung S. 10

Pyro-Herz
Ein lichterloh entbranntes Herz

Es muss nicht immer ein großes Feuerwerk sein, das das Brautpaar begeistert oder den Bräutigam seine Liebe ausdrücken lässt. Ein brennendes Herz kann viel romantischer sein und noch mehr zum Ausdruck bringen.

Material Pyro-Herzen gibt es im Internet zu bestellen – ähnlich romantische Motive stehen ebenfalls zur Auswahl.

Vorbereitung Nach der Bestellung im Internet und der Einholung der erforderlichen Genehmigungen (siehe Achtung), halten Sie sich bitte genau an die Anweisungen auf der Verpackung des Feuerwerks bzw. an die Anweisung des Herstellers.

Durchführung Kann es einen schöneren Liebesbeweis geben als ein brennendes Herz? Die Romantik kommt zum Höhepunkt, wenn das Herz bei Dunkelheit im Freien entzündet wird und weithin strahlt. Es gibt dabei auch die Variante im Internet mit zwei Herzen oder ineinander verschlungenen Ringen. Der Effekt wird seine Wirkung nicht erzielen und nicht nur die Braut zu Tränen rühren.

Achtung Bitte berücksichtigen Sie, dass das Abbrennen von Feuerwerken genehmigungspflichtig ist. Verbindliche Aussagen dazu erhalten Sie von den Anbietern der Feuerwerke im Internet.

Aktionen

Hochzeitstombola, Zeitkapsel, Strumpfbandversteigerung:
Kleine Gesten, gemeinsame Aktionen und Wünsche lassen sich
vielfältig "verpacken" und machen Brautpaar und
Gästen auch lange nach der Hochzeit noch viel Freude.

52 Postkarten zur Hochzeit
Jede Menge Überraschungen fürs Brautpaar

Am Hochzeitstag wird das Brautpaar reich beschenkt. Dass dies nicht so abrupt endet, dafür sorgt dieses Spiel, das dem Hochzeitspaar über das folgende Jahr jede Menge Überraschungen und Einladungen beschert.

Zeitbedarf Geben Sie den Gästen ausreichend Zeit, um Ideen für Gutscheine zu sammeln, oder schöne Glückwunsch- und Ratschlagtexte zu verfassen.

Material 52 Postkarten, die mit einer Wochennummer versehen sind, Schreibstifte.

Verschiedene Hochzeitskarten auf www.spiele1.info/karten

Vorbereitung 52 Postkarten werden mit einer Wochennummer, in der die Postkarte abgeschickt werden soll, beschriftet. Die Postkarten zur Hochzeit gibt es in unterschiedlichsten Motiven. Wählen Sie hier ein schönes Motiv. Die Hochzeitspostkarten sind aber nicht nur mit unterschiedlichen Motiven bedruckt. Die Wochenkarten gibt es auch mit unterschiedlichen Themen, Aufgaben und Vorgaben an die Gäste. So können gute Wünsche eingetragen werden oder Ehetipps weitergegeben werden. Aber auch Aufgabenkarten und Gutscheinkarten sind sehr beliebt. Besonders Kreative malen auch schon einmal ein Bild oder kreuzen auf einer Weltkarte den Versandstandort an.

Beschriften Sie die Karten mit den Zahlen 1 bis 52, um klar zu definieren, welche der Karten in welcher Woche nach der Hochzeit zu versenden ist. Außerdem ist es wichtig genügend Schreibmaterial parat zu haben.

Verteilen Sie die 52 Wochenkarten nach Möglichkeit schon vor der Feier auf *Durchführung* den Tischen, oder in der Anfangsphase der Hochzeitsfeier, damit die Gäste genug Zeit haben sich schöne Texte und praktische Gutscheine einfallen zu lassen.

Sammeln Sie schließlich zu einem späteren Zeitpunkt alle Karten ein. Nun haben Sie verschiedene Möglichkeiten diese zu verschenken. Erklären Sie vor der Hochzeitsgesellschaft den Ablauf des Spieles und weihen Sie das Brautpaar ein. Senden Sie dann jede Woche, über 12 Monate hinweg, eine Karte an die Adresse des frisch vermählten Paares.

Auch können Sie sich für die Übergabe ein hübsches Kästchen besorgen, in welchem Sie die Karten sammeln. Überreichen Sie jenes Kästchen mit dem Hinweis, dass das Paar jede Woche nur eine Karte lesen darf. Sie können jedoch auch eine Art Zeitkapsel aus dieser Schatulle machen und dem Brautpaar die Anweisung geben, jene erst am ersten Hochzeitstag zu öffnen.

Sie haben jedoch auch die Möglichkeit die 52 Wochenkarten Aktion komplett im Geheimen durchzuführen und dafür zu sorgen, dass das Brautpaar nichts davon mitbekommt. In diesem Fall wird das frisch vermählte Ehepaar wöchentlich schöne Überraschungen erleben, wenn es den Briefkasten öffnet.

Egal für welche dieser Varianten Sie sich entscheiden, das Brautpaar wird sich wahnsinnig darüber freuen und sich mit jeder Karte von Neuem an diesen einzigartigen Tag und die wundervollen und treuen Gäste erinnern.

Spannen Sie eine Überraschungswäscheleine im Festsaal und heften Sie die Kar- *Tipp* ten an die Leine. Jeder Gast kann seine Karte abnehmen und anschließend wieder anheften. Dies sorgt nicht nur für ein farbenfrohes Bild und motiviert auch jeden seine Karte auszufüllen. Die Wäscheleine mit den Hochzeitskarten ist auch noch ideal zum Kennenlernen beim neugierigen Spicken der anderen Karten.

Weitere Informationen, Tipps, Videos, Anleitungen, Texte, Sprüche und Kauftipps:
unter
www.spiele1.info/karte

oder

5 Euro
Gutschein gratis für dieses Hochzeitsspiel!
siehe S. 10

Anleitung S. 10

Doppelte Wunschkarten
Wünsche einmal andersrum

Natürlich gilt es bei einer Hochzeit in erster Linie, dem Brautpaar gute Wünsche und alles Glück der Welt zukommen zu lassen. Aber nach einer Hochzeit möchte sich das Brautpaar ganz häufig bei seinen Gästen auch bedanken und ihnen ein paar Gedanken zukommen lassen.

Material   Karten, bei denen auf der Vorderseite ein Adressfeld steht. Auf der Rückseite ist eine hälftige Unterteilung. Die Anzahl der Karten gemäß der Gäste oder Paare-Anzahl wählen, Farbstifte, Stifte.
Verschiedene Hochzeitskarten auf www.spiele1.info/karten

Vorbereitung   Nachdem die Karten auf der Vorderseite bedruckt wurden oder bereits mit Druck gekauft wurden, werden sie an die Gäste ausgeteilt.

Durchführung   Die Aufgabe an die Gäste lautet folgendermaßen: Jeder malt oder schreibt auf eine Seite der Karte einen guten Wunsch für das Brautpaar. Dabei kann es sich um wohlwollende Worte oder aber um einen kleinen Gutschein oder aber um eine gemeinsame Aktion handeln, die man gerne mit dem Brautpaar unternehmen würde. Ein schnell improvisiertes Quiz, eine Lückentext oder ein Rätsel, das es zu lösen gilt – der Phantasie sind hier keine Grenzen gesetzt. Wenn alle Hochzeitsgäste ihre Werke vollendet haben, werden die Karten wieder eingesammelt und in einer dekorativen Schachtel dem Brautpaar überreicht. Zuvor sollte niemand vergessen, seine Adresse auf die Karte zu schreiben. Vom Organisator dieser Aktion erfahren die frisch Vermählten dann, dass sie nach der Hochzeit die Karten lesen und beantworten dürfen. Nun sind sie an der Reihe, ihren Dank und ihre wohlwollenden Worte den Gästen zurückzugeben. Wenn die Karten nun so nach und nach bei den Hochzeitsgästen eintreffen, ist dies eine schöne Erinnerung an das vergangene Fest und noch dazu eine wunderbare Gelegenheit für das Brautpaar nochmal ein paar persönliche Worte an Freunde und Verwandte zu richten und ihnen für ihre Begleitung an dem schönsten Tag in ihrem Leben zu danken.

Weitere Informationen, Tipps, Videos, Anleitungen, Texte, Sprüche und Kauftipps:
unter
www.spiele1.info/karte

oder

5 Euro Gutschein gratis für dieses Hochzeitsspiel! siehe S. 10

Anleitung S. 10

Zeitkapselbox
Längst vergessene Wünsche

*Auf einer Hochzeit werden dem Brautpaar jede Menge guter Wünsche zu
Teil. Aber wäre es nicht wunderbar, wenn man all diese Wünsche konservieren und aufheben und zu einem späteren Zeitpunkt abrufen könnte?*

Zeitkapselbox, eine Schachtel oder Kiste, die zur Aufbewahrung verwendet *Material*
wird, Karten für alle Hochzeitsgäste, Stifte.
Passende Boxen unter www.spiele1.info/box

Wenn die Utensilien besorgt wurden, gibt es keine weitere Vorbereitung mehr. *Vorbereitung*

Auch in diesem Falle werden alle Hochzeitsgäste gebeten, ein bisschen kre- *Durchführung*
ativ zu werden und ihre Wünsche, Gedanken und Empfehlungen für das
Brautpaar zu Papier zu bringen. Da die Gäste wissen, dass die Wünsche vom
Brautpaar nicht unmittelbar an der Hochzeit, sondern erst ein Jahr danach
gelesen werden, können sie auch Ratschläge, gemeinsame Erinnerungen oder
den einen oder anderen Tipp zur Ehe zu Papier bringen. Die Karten werden
während der Feierlichkeiten in eine dafür bereit gestellte Kiste oder aber in die
Zeitkapselbox geworfen. Haben alle Gäste ihren Beitrag geleistet, bekommt
der Trauzeuge oder aber der Organisator des Spiels die Truhe zur Aufbewahrung. Am ersten Hochzeitstag erhält das Brautpaar die Kiste überreicht
und wird auf viele liebe Worte stoßen. Aber nicht nur die Erinnerung an den
schönsten Tag, sondern auch die Freude über die vielen lieben Gedanken, die
die Gäste für das Brautpaar aufgeschrieben hatten, werden eine sehr emoti-
onale Stimmung bereiten.

5 Euro Gutschein gratis für dieses Hochzeitsspiel! siehe S. 10

**Weitere Informationen, Tipps,
Videos, Anleitungen, Texte,
Sprüche und Kauftipps:**
unter
www.spiele1.info/box

oder

Anleitung S. 10

Überraschungswäscheleine
Jede Menge Überraschungen fürs Brautpaar

Am Hochzeitstag wird das Brautpaar reich beschenkt. Dass dies nicht so abrupt endet, dafür sorgt dieses Spiel, das dem Hochzeitspaar über das folgende Jahr jede Menge Überraschungen und Einladungen beschert.

Material   52 Postkarten, die mit einer Wochennummer versehen sind, Wäscheleine und 52 Wäscheklammern, Schreibstifte.
Verschiedene Hochzeitskarten auf www.spiele1.info/karten

Vorbereitung   52 Postkarten werden mit einer Wochennummer, in der die Postkarte abgeschickt werden soll, beschriftet. Toll sieht es aus, wenn die 52 Karten an der Wäscheleine quer durch den Saal, wo sie nicht stört oder direkt im Eingangsbereich aufgehängt werden.

Durchführung   Zu Beginn der Hochzeitsfeier bitten Sie die Hochzeitsgäste sich eine Postkarte abzunehmen und diese dann dem Brautpaar in der auf der Karte vermerkten Woche zuzuschicken. Die Gäste haben freie Wahl, was sie auf die Karte schreiben wollen. Dabei kann es sich nur um einen netten Wunsch handeln, eine Einladung zu einer gemeinsamen Aktivität, wie z. B. Wandern, Grillen oder Kino, oder aber um einen Gutschein fürs Blumengießen, Rasen mähen oder Babysitten. Vielleicht gibt es ja einige kreative Ideen von den Gästen und damit tolle Überraschungen für das Brautpaar. Wichtig ist, dass die Hochzeitsgäste ihren Namen auf der Karte notieren, damit die frisch Vermählten auch wissen, von wem es die Postkarte erhalten hat.

Auktionen
Zum Ersten, zum Zweiten und zum Dritten

Eine Hochzeit ist bekanntlich eine kostspielige Angelegenheit. Da ist doch eine Auktion oder eine Versteigerung eine wunderbare Gelegenheit um die Kasse vom Brautpaar etwas zu füllen. Außerdem bietet es noch jede Menge Unterhaltung und Spannung, wer denn nun den Zuschlag erhält.

Hut

Material

Der Auktionator, sollte ein redegewandter Gast sein, der es versteht, schlagfertig bei der Auktion zu unterhalten. Werden persönliche Dinge des Brautpaars versteigert, wie das Strumpfband der Braut, ihr Schuh oder ihr Schleier, sollte das im Vorfeld mit dem Brautpaar abgeklärt sein. Natürlich ist dies nur symbolisch zu sehen und das Paar erhält die Accessoires wieder zurück. Besonders witzig wird es, wenn gewisse Aktionen versteigert werden, wie ein Tanz mit der Braut, ein Kuss vom Bräutigam, eine Einladung zum Essen beim Brautpaar, ein Kinobesuch mit der Braut etc. Sie werden überrascht sein, wie viel Geld auf diese Art und Weise zusammen kommt.

Durchführung

Machen Sie max. zwei Auktionen. Irgendwann ist nämlich die Spendierfreude der Gäste zu Ende und dann könnte es für alle peinlich werden. Die Gäste sollen ja nicht das Gefühl bekommen, dass sie nur dafür eingeladen wurden.

Tipp

Eine amerikanische Auktion sorgt für mehr Freude und noch mehr Geld. Die Versteigerung kann man so gestalten, dass man bei einem Betrag von 5 Euro anfängt. Der Auktionator wirft diesen Betrag in einen Hut. Jeder Gast der jetzt als nächster bietet, muss ebenfalls seinen Geldbetrag, nämlich den Differenzbetrag in den Hut werfen. Auf diese Art und Weise kommt mehr Geld zusammen und der Gewinner der Versteigerung muss nicht den kompletten Betrag zahlen. Erst wenn keiner mehr Geld in den Hut wirft, ist die Auktion zu Ende und der Gast, der den letzten Betrag gezahlt hat, hat die Versteigerung gewonnen.

Variante

Weitere Informationen, Tipps, Videos, Anleitungen, Texte, Sprüche und Kauftipps:
unter
www.spiele1.info/auktion

oder

5 Euro
Gutschein gratis für dieses Hochzeitsspiel!
siehe S. 10

Anleitung S. 10

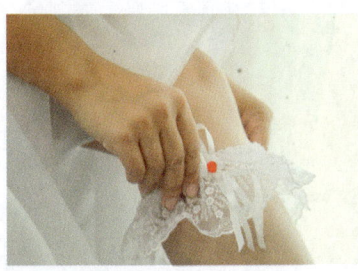

Aufgabenreise nach Jerusalem
Der Klassiker einmal anders

Wer kennt sie nicht die Reise nach Jerusalem? Diesmal geht es jedoch nicht darum, einen freien Stuhl zu ergattern, sondern darum, sich um ein paar Aufgaben zu drücken.

Material   Eine kleine Kiste, Korb oder einen Karton, Karten und Musik

Mitspieler   Die ganze Hochzeitsgesellschaft

Vorbereitung   Im Vorfeld müssen einige Aufgabenkarten geschrieben werden. Aufgaben können sein, z. B. ein Ständchen zu singen, ein Gedicht aufzusagen, allein einen kurzen Tanz zu absolvieren etc.

Durchführung   Die im Vorfeld der Hochzeit geschriebenen Aufgabenkarten werden zusammengefaltet und in einem kleinen Korb oder in einer kleinen Schachtel aufbewahrt. Beginnt die Musik zu spielen, wird das Körbchen durch die Hochzeitsgesellschaft gereicht und von einem Gast an den anderen schnellstmöglich weiter gegeben. Stoppt die Musik, muss derjenige, der den Korb jetzt in Händen hält, eine Karte ziehen. Laut verliest er seine Aufgabe, die er auch unverzüglich zu verrichten hat. Unmittelbar danach, setzt die Musik wieder ein und das Körbchen setzt seine Reise fort, bis zum nächsten Mal Einhalt geboten wird und die nächste Aufgabe ansteht. Wenn alle Karten vorgelesen und alle Aufgaben erfüllt wurden, dann kann die Hochzeitsgesellschaft wieder aufatmen. Denn auch wenn sich alle köstlich bei der Aufgabenerfüllung amüsieren, so hofft doch jeder inständig, dass dieser Korb an ihm vorübergehe.

Tipp   Man kann die Aufgaben in Gutscheine umwandeln und so dem Brautpaar etwas Gutes zukommen lassen, wie z. B. eine Einladung zu Kaffee und Kuchen, eine Einladung zum Grillen oder eine gemeinsame sportliche Aktivität.

Geldgeschenke

Einbetoniertes Geld, Zauberbox, Versteigerungen:
Verschenken Sie Geldgeschenke spielerisch, anstatt sie einfach zu
übergeben. Oder lassen Sie das Brautpaar für das Geld arbeiten.

Vogelhäuschen
Auch wenn nicht jedes Brautpaar einen Vogel hat

Geldgeschenke sind beliebt bei Brautpaaren. Aber das Geld nur in einen Umschlag zu stecken, ist einfach zu langweilig. Da gibt es doch viel witzigere Verpackungsmöglichkeiten und dazu zählt auch ein Vogelhäuschen.

Zeitbedarf Parallel zur Hochzeitsfeier, je nachdem wie viele Gäste sich an dem Geldgeschenk beteiligen. Endet mit der feierlichen Übergabe an das Brautpaar.

Material Ein Vogelhäuschen aus Massivholz mit glattem hellem Dach. Vorzugsweise sollte hier ein Starenkasten verwendet werden, der nur ein kleines Einflugloch hat. Stempelkissen in mehreren Farben, Wasserfeste Stifte und natürlich Geld. Komplettsets finden Sie unter www.spiele1.info/vogelhaus

Vorbereitung Das Vogelhäuschen wird mit Geldscheinen befüllt, die einfach durch das runde Loch des Starenkasten gesteckt werden. Stempelkissen werden für die Gäste, die sich an dem Geldgeschenk beteiligen, bereit gehalten.

Durchführung Um die Geldgeber bei diesem Geschenk nicht nur durch eine Karte zu identifizieren, sollten alle die sich beteiligen, einen bunten Fingerabdruck auf dem Dach des Vogelhäuschens hinterlassen. Mit einem Stift wird dann noch der Name des Gönners vermerkt. Das Vogelhäuschen hat die Symbolik für das eigene kleine Liebesnest. Es ermöglicht es aber auch, dass sich Spätentschlossene an dem Geldgeschenk beteiligen, das leicht auch nachträglich noch weiter befüllt werden kann. Entnahmen sind hingegen nur durch das Abdecken des Dachs möglich, womit das Vogelhäuschen nicht nur eine hübsche, sondern auch eine sehr sichere Verpackungsvariante für Geldgeschenke darstellt.

Tipp Schenken Sie dem Brautpaar doch noch einen Schraubenzieher dazu, damit es später leichter an das Geld kommt.

Anleitung S. 10

Weitere Informationen, Tipps, Videos, Anleitungen, Texte, Sprüche und Kauftipps:
unter
www.spiele1.info/vogelhaus

oder

5 Euro Gutschein gratis für dieses Hochzeitsspiel! siehe S. 10

Scherztombola
Wer wagt, gewinnt

Eine Tombola hat immer wieder einen hohen Spaßfaktor. Vor allem dann, wenn großartige Preise angekündigt werden, die Gewinnwahrscheinlichkeit richtig hoch ist und man damit noch ein bisschen was für die Hochzeitskasse des Brautpaars beisteuern kann.

Begleitend auf der Hochzeit – Gewinnverteilung ca. 10 Minuten   *Zeitaufwand*

Nummerierte Lose, witzige Preise, Nummernetiketten für die Preise.   *Material*
Komplettsets mit Losen und Spaßpreisen unter www.spiele1.info/tombola

Bereiten Sie im Vorfeld nummerierte Lose vor. Lassen Sie sich für die Preise   *Vorbereitung*
witzige Artikel einfallen, die Sie groß vor der Tombola ankündigen können,
wie z. B. ein Eigenheim, das sich später als Vogelhäuschen rausstellt.

Die Tombola für die Hochzeit muss natürlich beworben werden, damit das   *Durchführung*
Interesse an der Teilnahme wächst. Dazu gehört es auch, die zu gewinnen-
den Preise bestmöglich anzukündigen. Wenn die Moderatoren des Spiels die
attraktiven Hauptpreise, wie z. B. ein Auto oder einen Fernseher ankündigt,
dann wird das Interesse an der Verlosung augenblicklich ansteigen Die Preise
für die Tombola zur Hochzeit sind sehr vielfältig und lassen wirklich kein
Auge trocken bleiben, denn der zur Verlosung kommende BMW ist natürlich
kein Auto, sondern ein „Beutel mit Watte". Manch ein Hochzeitsgast lacht
sicherlich herzhaft, wenn die Kerze als Stehlampe verlost wird oder die kleine
Schaufel als Feldstecher bezeichnet wird. Der Spaßfaktor bei dieser lustigen
Interaktion ist unbestritten hoch. Einen besonderen Reiz kann man der Verlosung noch verleihen, wenn man die Lose versteigert und damit den Erlös,
der natürlich in jedem Fall dem Brautpaar zukommt, damit noch ein wenig
in die Höhe treiben kann. Das Hochzeitspaar freut sich in jedem Fall, wenn
ihm das Sparschwein mit dem Tombolaerlös überreicht wird.

**Weitere Informationen, Tipps,
Videos, Anleitungen, Texte,
Sprüche und Kauftipps:**
unter
www.spiele1.info/tombola

oder

5 Euro Gutschein gratis für dieses Hochzeitsspiel! siehe S. 10

Anleitung S. 10

Geld im Eis
Das Eis schmilzt wie die Herzen des Brautpaars

Eine andere kreative Variante für das Überreichen eines Geldgeschenks ist, wenn es langsam aus einem Eisblock schmilzt. Hier können Sie sich sowohl eines optischen als auch eines akustischen Effekts sicher sein.

Material Münzgeld, Wanne, Eisensieb, dickes Seil

Vorbereitung Für die Herstellung des Eisblocks benötigen Sie einen Eimer oder eine Wanne, die sie mit ein paar Zentimeter Wasser füllen. In den Eimer hängen Sie das Ende eines dicken Seils und stellen das Behältnis in die Gefriertruhe. Nach ein paar Stunden, wenn das Wasser gefroren ist, legen Sie ein paar Euromünzen auf die Eisschicht und schütten wieder eine Schicht Wasser drauf. So fahren Sie fort, bis der Eimer oder die Wanne vollständig befüllt sind. Kurz vor der Hochzeit nehmen Sie den Eisblock mit der Wanne aus der Gefriertruhe. Auf dem Weg zur Veranstaltung schmilzt der Block ein wenig, sodass er später leicht aus dem Gefäß genommen werden kann. Liegt zwischen der Entnahme des Eisblocks aus der Gefriertruhe und der Geldübergabe ein längerer Zeitraum, sollte das Eis vor Ort im Restaurant, wo gefeiert wird, nochmal zwischengelagert werden.

Durchführung Bei der feierlichen Geschenkübergabe an das Brautpaar wird der Eisblock mittels des eingefrorenen Seils an einem Balken oder eine anderen Aufhängung befestigt. Der Eimer oder die Wanne werden unter den Eisblock gestellt, damit diese das Schmelzwasser auffangen. Auf dem Gefäß muss ein Metallsieb befestigt sein, damit die Münzen, die langsam aus dem Eis schmelzen, aufgefangen werden. Wichtig ist, dass das Sieb aus Metall ist, denn wenn die einzelnen Münzen auf das Sieb fallen, verursacht dies ein äußerst gefälliges Geräusch des Geldklimperns, das den ganzen Abend lang anhält.

Tipp Einen besonders schönen und bunten Effekt erhalten Sie, wenn Sie jede Wasserschicht mit einer anderen Farbe (Wasserfarben) einfärben, bevor sie die Schichten einfrieren!

Zauberkiste
Ein magisches Geldgeschenk

Warum lassen Sie Ihr Geldgeschenk nicht einfach verschwinden? Verzaubern Sie das Brautpaar doch mit dieser kleinen Einlage und lassen Sie es staunen.

Material

Zaubertrickkiste
Die Geldbox finden Sie unter www.spiele1.info/geldbox

Vorbereitung

Die Zaubertrickkiste eignet sich optimal für das Verstecken von Geldgeschenken, Gutscheinen oder Schmuckstücken. Das einzige, was Sie im Vorfeld machen müssen, ist die Kiste im Internet bestellen und dann mit ihrem Geschenk befüllen.

Durchführung

Für das Brautpaar stellt die Zaubertrickkiste in jedem Fall eine Herausforderung dar. Es ist nämlich überhaupt nicht leicht, das Geheimnis zu knacken und an das Geld oder den Gutschein, was auch immer sich in der Schatzkiste verbirgt, zu kommen. Geschick und Kreativität sind dabei unerlässlich. Sie werden damit nicht nur das Brautpaar faszinieren, sondern auch die Hochzeitsgesellschaft in ihren Bann ziehen. Eine originelle Geschenkidee, die auch später noch weiter verwendet werden kann.

**Weitere Informationen, Tipps,
Videos, Anleitungen, Texte,
Sprüche und Kauftipps:**   **oder**
unter
www.spiele1.info/geldbox

Anleitung S. 10

Geld im Ballon
Jetzt muss es ordentlich knallen

Es gibt unzählige Verpackungen für Geldgeschenke. Dass man Scheine auch in Luftballons packen kann, ist nichts Neues. Aber wie bekommt man sie da auch wieder raus? Ein originelles Geldgeschenk, das die Stimmung anheizt.

Material Geldscheine (möglichst kleine Scheine), Luftballons (in der doppelten Anzahl der Geldscheine), Boxhandschuhe und Schwimmflossen, Netz zum Sammeln der Ballone und ein flottes Musikstück.

Vorbereitung Rollen Sie die Geldscheine, die Sie verschenken wollen zusammen. Am besten verwenden Sie kleine Scheine, damit möglichst viele Luftballons damit befüllt werden können. Stecken Sie die Röllchen in die Luftballone und blasen sie diese auf. Die gleiche Anzahl blasen Sie ohne Geldeinlage auf. Die Luftballons stecken Sie am besten in ein Netz, damit sie zunächst gesammelt sind.

Durchführung Bei der Geschenkübergabe bitten Sie das Brautpaar auf die Tanzfläche und schütten dort das Netz mit den Luftballons aus. Dem Bräutigam werden nun Boxhandschuhe und der Braut Schwimmflossen ausgehändigt, die sie sich überziehen. Sobald die Band oder der DJ ein flottes Musikstück anstimmt, beginnt die Jagd der Brautleute auf die Luftballons. Nun müssen Sie schnellstmöglich mit ihren Flossen oder Boxhandschuhen die Ballone zum Platzen bringen und somit an das Geld gelangen. Natürlich wissen sie nicht, dass nicht in jedem Ballon ein Schein versteckt ist. Für die Hochzeitsgesellschaft bieten sich bizarre Verrenkungen und äußerst originelle Fotomotive, die kein Auge trocken lassen.

Weitere Informationen, Tipps, Videos, Anleitungen, Texte, Sprüche und Kauftipps:
unter
www.spiele1.info/geldballon

oder

Anleitung S. 10